VARANE
L'ART DE LA GAGNE

VARANE
L'ART DE LA GAGNE

Luca Caioli et Cyril Collot

MARABOUT

Sommaire

1
He's coming home

Il est comme ça, Rafa. Simple et discret, pas du genre à rouler les mécaniques. Et pas question de changer d'attitude pour son grand retour à la maison. « *He's coming home* », comme on dit dans le football !

Ce mercredi 18 juillet 2018, le défenseur du Real Madrid est de passage au centre d'entraînement de La Gaillette, à Avion. C'est ici, dans le nord de la France, qu'il a effectué ses classes entre 2002 et 2011 ; c'est ici qu'il a appris le métier et qu'il a débuté en professionnel. Le Racing Club de Lens lui a ouvert le monde de tous les possibles. Alors, c'est ici qu'il a décidé de venir partager sa victoire. Raphaël Varane est champion du monde depuis trois jours – une soirée magique au stade Loujniki de Moscou où les Bleus sont venus à bout de la Croatie. Sa vie ne sera plus jamais la même. Le gamin de Lille a décroché la lune, mais l'homme a toujours les pieds bien sur terre. Alors, pour le défenseur français, c'était une évidence : il fallait qu'il vienne partager cette victoire chez les Sang et Or, remercier ses éducateurs, retrouver quelques amis de formation et partager son rêve avec la nouvelle génération.

Peu avant midi, au moment de franchir la porte de La Gaillette et de se retrouver nez à nez avec son comité d'accueil, Rafa ne fait pas le malin. Il est clairement intimidé. Comme un grand gamin, il marche presque sur la pointe des pieds avec sa grosse médaille d'or de champion du monde autour du cou. Bermuda sombre, tee-shirt rouge et noir, baskets sans lacets. Il est venu en toute décontraction, sans apparat. L'international français est vite rassuré lorsqu'il aperçoit les premiers visages connus ; Rafa est encore chez lui à Lens !

Il reconnaît quelques bénévoles, des entraîneurs et évidemment l'emblématique président, Gervais Martel, qui tient les rênes du club depuis près de trente ans... Il n'est pas venu les mains vides. De Russie, il a rapporté à son ancien boss le maillot qu'il portait lors de son but historique en quarts de finale contre l'Uruguay.

Alors, le temps qui semblait suspendu reprend son cours et s'emballe. Les minutes défilent et se résument en une succession de franches accolades, de sourires, de remerciements et de petits mots. « Bravo Rafa, on est fiers de toi », lance un employé du club de longue date. « Ton parcours est un exemple pour tous les jeunes du centre de formation », se hasarde dans la foulée un attaquant de 16-17 ans qui vient de soigner son selfie avec le champion du monde.

Rafa sourit poliment et poursuit un peu plus loin sa visite, écharpe jaune et rouge désormais autour du cou. Il s'est vu remettre un maillot du Racing Club de Lens floqué à son nom et à son numéro, le 4. Alors, quand il débarque dans le vestiaire des professionnels, ça chambre !

« Ah, vous l'avez enfin transféré chez nous ? » lâche malicieusement au président Martel le nouvel entraîneur, Philippe Montanier. Ce technicien d'une cinquantaine d'années a suivi de près son parcours et notamment assisté à ses débuts dans le championnat espagnol en 2011, lorsqu'il coachait le club basque de la Real Sociedad. Sur sa lancée, il n'hésite donc pas à improviser un discours qui sonne comme un exemple à suivre pour ses joueurs qui viennent à peine d'en finir avec la séance d'entraînement matinale : « Raphaël, on voulait te remercier d'être passé car non seulement tu es la fierté de la France, mais aussi celle de ton club, le RC Lens, et de ta région. Tu as passé une saison harassante et malgré tout, tu trouves un petit moment pour venir nous saluer. C'est forcément apprécié de la part de nous tous. »

Philippe Montanier a résumé à merveille le sentiment de gratitude générale. Il peut désormais aller titiller le nouveau champion du monde :

« J'ai quand même une petite question, lui lance-t-il sur le ton de la plaisanterie, tu as quel âge ?

— 25 ans, répond Varane du tac au tac.

— 25 ans ? Et tu as déjà gagné la Coupe du monde et la Champions League… Tu ne penses pas que tu vas te faire un peu “chier” pendant les cinquante prochaines années ?, lance ironiquement Montanier, plutôt content de sa blague.

— Non, non, ça va !, assure le Madrilène, quand même un peu gêné.

— En tout cas, félicitations pour tes performances en équipe de France et au Real Madrid, conclut l'entraîneur du RC Lens. Bravo pour ta tenue exemplaire, ta classe et ton fair-play. Tu restes un modèle pour les joueurs et les entraîneurs. Merci d'être passé nous voir. »

L'échange n'est pas tout à fait terminé. Même s'il ne connaît plus grand monde désormais dans ce vestiaire, Rafa ne se démonte pas et prend à son tour la parole. Lui aussi a envie de profiter de l'occasion pour remercier publiquement son club formateur et laisser libre cours à son émotion : « Merci à tous de m'accueillir, cela me fait tellement plaisir... J'ai passé des années incroyables, ici. Pour moi, ici, c'est toujours ma maison. Je suis ému car malgré tout ce que j'ai vécu, je n'oublie pas d'où je viens. C'est important pour moi. Je vous dis un grand merci... Je suis ému, c'est un moment important pour moi, revenir ici après une saison comme celle que je viens de vivre, c'est incroyable. Même si j'ai connu des grands stades, des grandes ambiances, des grandes compétitions, le Racing, c'est à part. Merci. »

Applaudissements du vestiaire. L'échange a duré moins d'une dizaine de minutes, mais encore une fois, Raphaël Varane a eu le temps de rallier tous les suffrages. « Quelle classe ! », « Quelle humilité ! » peut-on entendre dans les couloirs du centre de formation. L'ancien Lensois s'est déjà éloigné. Encore des photos et des compliments. La visite touche à sa fin. Il s'offre un dernier « bain de foule » avant de partir officiellement en vacances. Un cliché avec une trentaine d'enfants en stage au Racing Club de Lens. Ils ont entre 6 et 10 ans et pour certains du mal à comprendre ce qu'un champion du monde fait chez eux. C'est le cas de ce petit blond avec le maillot de l'équipe de France qu'on surprend à questionner son voisin : « Il n'est pas de Madrid ? Je ne savais pas qu'un champion du monde pouvait venir d'ici. » Et pourtant si, Varane est bien du coin. Un vrai ch'ti !

2

Ch'ti du Morne-Rouge

Au fait, c'est quoi, un ch'ti ? « Un habitant du nord de la France et aussi des villes belges de Mouscron et de Tournai », répond du tac au tac un journaliste à la retraite qui a travaillé pendant une trentaine d'années au quotidien régional de *La Voix du Nord*. « Ce surnom, poursuit-il, est né lors de la Première Guerre mondiale lorsque, avec leur accent très marqué, les soldats nordistes de 14-18 prononçaient : *"Ch'ti mi"* pour dire "C'est moi". Les autres poilus ont fini par les surnommer les "ch'tis". Un siècle plus tard, ce surnom est resté et il est même quasiment devenu une marque déposée en 2008 avec le succès du film *Bienvenue chez les ch'tis*. Ce petit nom est une fierté dans le Nord, mais c'est parfois aussi une source de moquerie dans le reste du pays. Je me souviens d'une banderole de supporters parisiens lors d'un match face au Racing Club de Lens qui avait fait grand bruit. Je n'ose même pas dire ce qui était écrit sur le bout de tissu tellement les mots étaient violents[1]. »

Autre question : peut-on considérer Raphaël Varane comme un ch'ti ? « Bien sûr, confirme le journaliste. C'est un gars de chez nous, même s'il n'a pas trop l'accent et ne correspond pas vraiment au cliché du grand blond aux yeux bleus. Raphaël incarne la modernité du nord de la France qui a su s'ouvrir sur le monde et essaie de sortir la tête de l'eau après des années économiquement difficiles. Oui, c'est un vrai ch'ti et un incroyable ambassadeur pour notre région. »

Pourtant, le 20 juin 2015, avec son complet blanc et sa lavallière rose pâle, Rafa a choisi la cité balnéaire du Touquet-Paris-Plage, sur la Côte d'Opale, au bord de la Manche, pour dire « oui » à sa fiancée, Camille Tytgat, rencontrée quelques années plus tôt sur les bancs du lycée de Liévin. « Me retrouver à la mairie et à l'église m'a plus stressé que de jouer devant 80 000 personnes, confiera-t-il au *Journal du dimanche*. Ça s'est su dans la presse alors que je voulais éviter le côté people et juste être avec mes proches. On était 130. J'ai dansé toute la nuit. Ma famille a halluciné, elle ne m'avait jamais vu comme ça. Je ne suis pas mauvais danseur, simplement timide. Mais une fois lancé, difficile de m'arrêter ! »

1. Au Stade de France, lors la finale de la Coupe de la Ligue 2008 entre le PSG et le Racing Club de Lens (2-1), une banderole est déployée par des supporters de la capitale en référence au film de Dany Boon et à l'affaire d'Outreau. Sur celle-ci est écrit : « Pédophiles, chômeurs, consanguins : bienvenue chez les ch'tis ». Les auteurs seront condamnés en 2011 par le tribunal de Bobigny à un an d'interdiction de stade et à des amendes allant de 300 à 600 euros.

La playlist d'un mariage est souvent une belle manière de dessiner une radiographie précise des origines familiales. Et cette soirée à la demeure d'hôtes Haec Otia au Touquet n'échappe pas à la règle : « Il y avait un peu de tout : des classiques pour les anciens et aussi de la musique plus moderne, comme du hip-hop, reggae, ragga ou encore de la musique antillaise », confie un proche. La centaine d'invités dans la grande demeure de style néo-anglais offre une assemblée bigarrée et raconte une partie de l'histoire familiale de Raphaël Varane : le nord de la France par Annie, sa mère, et l'île de la Martinique avec Gaston, son père.

Depuis le succès des Bleus en finale de la Coupe du monde 2018, plusieurs généalogistes sont d'ailleurs partis à la recherche des ancêtres du champion du monde. Jean-Louis Beaucarnot, un spécialiste de la discipline, est de ceux-là : il s'est notamment targué d'avoir déniché un arbre généalogique qui aurait été publié en 2017 sur le site Web de Geneanet par Raphaël Varane, *himself*. On retrouve sur celui-ci une grande partie des proches qui forment encore aujourd'hui le cercle très fermé du joueur : ses grands-parents paternels, sa mère, Annie Grattepanche, son père, Gaston Varane, et ses frères et sœurs. Camille Tygtat apparaît au côté de la star du Real Madrid avec la mention « Héritier en préparation ». L'héritier, justement, est arrivé. Il est né le 9 mars 2017 et se prénomme Ruben.

Micheline Vallon, autre passionnée de généalogie, a poussé un peu plus loin les recherches. Elle a notamment remonté la branche maternelle de Rafa. « Sa mère est la caution nordiste de la famille, explique-t-elle, elle est née au début des années 1960 à Saint-Amand-les-Eaux, près de Valenciennes. Son père était chirurgien-dentiste. On retrouve ses ancêtres un peu partout dans le Nord–Pas-de-Calais, à Vertain, à Haussy, à Capelle, mais aussi à Saint-Python ou encore à Solesmes. Apparemment, Annie Grattepanche n'est pas devenue professeur d'anglais par hasard, car on dénombre plusieurs générations d'enseignants dans la famille. Parmi ces ancêtres, on trouve aussi des mulquiniers, très présents dans la région, dont l'activité tournait autour du tissage et du commerce de toiles fines. »

Et du côté du papa Gaston ? « L'origine du patronyme, rencontré dans diverses régions de France avec un ou deux "n" (Varane ou Varanne), est très vraisemblablement déformée de Varenne et Garenne, ces terres où les lapins couraient aussi vite que Raphaël le fait sur les stades de foot », mentionne avec humour Jean-Louis Beaucarnot.

Pour la suite, il faut traverser l'océan Atlantique et mettre le cap sur les Antilles et la savoureuse Martinique. La famille Varane vient du nord de l'île, de la petite commune du Morne-Rouge, à quelques kilomètres de Saint-Pierre. Ce village des Antilles est posé sur un plateau à 450 mètres d'altitude, coincé entre le massif des pitons du Carbet et la fameuse montagne Pelée. « Plusieurs des membres de la famille ont d'ailleurs péri lors de l'éruption de la montagne Pelée qui avait fait près de 30 000 victimes en 1902, dont Henri, l'ancêtre, né à Saint-Pierre vers 1836 et fils de Scholastique Varane, manifestement une esclave », rapporte la généalogiste.

Autre information sur l'ascendance du Madrilène : plusieurs Varane figurent parmi les soldats qui ont combattu pour la France lors de la Première Guerre mondiale. « Notamment, un Luc Raphaël né en 1885 figure sur la liste des six poilus martiniquais du patronyme Varane recensés à Fort-de-France lors de la Grande Guerre », complète Micheline Vallon.

C'est donc au Morne-Rouge que Gaston, le père de Rafa, a grandi au milieu de ses frères Franck et Ventura, et de son cousin germain, Albert. Comme beaucoup de jeunes, ils quitteront l'île au début des années 1970 pour chercher du travail en métropole. « Les perspectives des jeunes étaient floues à cette époque », raconte en 2014, à *Ouest-France*, Albert Varane, établi en Bretagne depuis une quarantaine d'années. « Et grâce à une loi instaurée en 1963 par le gouvernement français, l'organisme du Bureau pour le développement des migrations dans les départements d'outre-mer (Bumidom) nous offrait le billet aller pour la métropole, mais pas celui du retour. »

Albert et Gaston mettent le cap sur le Vieux Continent. Ils poursuivront leur histoire à près de 7 000 kilomètres du Morne-Rouge. L'un fera une formation de maçon, l'autre se dirigera vers le milieu médical pour devenir aide-soignant au CHU de Lille. Ils fonderont chacun une famille, l'un aura le coup de foudre pour une Bretonne, l'autre rencontrera une ch'ti. Gaston Varane et Annie Grattepanche auront ensemble quatre enfants : Vanessa, l'aînée, puis Anthony et Raphaël, passionnés de football, nés à trois ans d'intervalle en 1990 et 1993, et enfin Annabelle, née en 1999, fan de basket-ball et future Miss Nord–Pas-de-Calais…

3

Le jardin d'Hellemmes

Ce mercredi d'automne, la rue Faidherbe à Hellemmes-Lille est déserte. Pourtant, le soleil s'invite déjà depuis plusieurs jours sur la région et les températures sont particulièrement douces pour un mois d'octobre. La fin des cours a sonné depuis à peine une demi-heure dans les écoles du quartier et il règne déjà un calme parfait. Pas de cris ou de rires d'enfants, ni même un ballon qui roule sur le large trottoir. Tout le monde ou presque a déjà regagné son foyer. C'est ici que Raphaël Varane a grandi, dans cette commune de près de 20 000 habitants rattachée à la métropole voisine il y a un peu plus de quarante ans et encore coupée du centre de Lille par un large pont et plusieurs voies de chemin de fer.

« Hellemmes est une ancienne commune du nord de la France, de tradition ouvrière où il fait bon vivre aujourd'hui », raconte l'un des rares habitants croisés à l'heure du repas. Cette cité a vécu pourtant bien des malheurs depuis sa naissance au XIIe siècle (les archives officielles évoquent pour la première fois le nom d'Hellemmes en 1174). Elle a été assiégée, pillée, détruite à plusieurs reprises, notamment lors des bombardements de la Seconde Guerre mondiale. Elle a été également sévèrement touchée par la crise économique des années 1970. Mais son statut de commune associée depuis sa fusion avec Lille en 1977 a permis de sauver Hellemmes et d'insuffler une nouvelle dynamique avec un rajeunissement de la population grâce à une politique de réhabilitation des logements. Elle a su se battre pour se relever une fois encore, et ce n'est peut-être finalement pas un hasard si la légende raconte que la cité aurait été fondée par un noble guerrier nommé Hellemus.

Un peu plus loin, au café Le Fontenoy, Simone, une dame d'une soixantaine d'années, évoque d'autres particularités du coin : « L'église Saint-Denis [son clocher du XVe siècle est inscrit à l'Inventaire des monuments historiques], la tradition perdue des combats de coqs, dont les derniers à Hellemmes se seraient tenus dans l'arrière-boutique d'une boulangerie, la proximité de la Belgique dont la frontière n'est qu'à une vingtaine de kilomètres... » Supportrice depuis près de cinquante ans du club local, le LOSC, elle s'illumine d'ailleurs lorsqu'elle en vient à parler de la star de football du pays voisin : « Saviez-vous que le Belge Eden Hazard a habité Hellemmes lorsqu'il a commencé sa carrière professionnelle à Lille ? Vous ne pouvez pas imaginer notre fierté à l'époque. Mais le champion local reste quand même Raphaël Varane. Il a passé son enfance dans le quartier et a usé les bancs de l'école de la rue voisine. »

L'école primaire Jean-Jaurès est en effet à deux pas d'ici, rue Anatole-France. C'est un immense bâtiment en briques rouges bordé par de grands arbres feuillus et posé face à la maternelle Roger-Salengro. La directrice, Mme Frémeaux, n'a pas forcément envie de s'étendre sur le passage de Raphaël Varane dans son établissement qui accueille près de 400 enfants répartis en 15 classes. Elle était pourtant déjà enseignante lorsque le cadet de la famille Varane a fait son entrée en CP en 1999, mais elle n'a pas de souvenirs particuliers à raconter : « Vous savez, on a tellement de gamins qui passent chez nous chaque année… » Un ex-animateur du périscolaire est heureusement plus bavard : « Raphaël était un enfant calme, à l'écoute et toujours très respectueux. Pas le genre à être dans les mauvais coups. » L'homme est d'ailleurs venu au rendez-vous avec une petite surprise. Il sort de sa poche un article plié en quatre qui dévoile une photo de classe en noir et blanc datant justement de l'année scolaire 1999-2000. Sur le bout de papier journal, on aperçoit une vingtaine de têtes blondes accompagnées de leur institutrice que l'on imagine stricte avec ses grosses lunettes qui lui donnent un regard sévère. Alors qu'au premier rang les plus petits apparaissent avec des anoraks et de grosses vestes, on finit par retrouver Rafa dans un coin de la photographie. Il est avec les plus grands, debout, au quatrième rang. Sa petite tête brune aux cheveux courts et frisés dépasse à peine. On reconnaît malgré tout son visage doux avec ce léger sourire et le regard déjà pétillant. « Il était plutôt sage à l'école et facile à vivre, poursuit son ancien animateur. C'était aussi un garçon précoce et, dans la cour d'école pendant les récréations, il n'avait pas peur d'aller se frotter aux plus grands. Il était fou de sport et jouait aussi beaucoup chez lui avec son grand frère, Anthony. »

Retour rue Faidherbe, où les maisons à étages s'alignent sur plusieurs centaines de mètres. Elles sont collées les unes aux autres comme pour se tenir chaud en prévision des rudes hivers qui épargnent rarement le nord de la France. « La maison d'enfance de Raphaël est un peu plus loin, dans un renfoncement », indique une passante à vélo, qui prend du coup le temps de mettre un pied à terre. « Sa mère vit toujours ici. Son père, Gaston, habite dans une ville voisine où il a refait sa vie il y a déjà pas mal d'années. Il a eu deux autres enfants dont un certain Jonathan, né en 2001, qui suit apparemment les traces de Raphaël puisqu'il a intégré très jeune le centre de formation du Racing Club de Lens. »

Cette cycliste semble bien renseignée. La demeure en briques rouges est à l'endroit indiqué. Rien ne la différencie des autres maisons du quartier, si ce n'est un arbuste rampant qui tente de faire sa place devant la porte d'entrée peinte en blanc. La petite bâtisse montée sur deux étages laisse apparaître plusieurs fenêtres habillées de grands rideaux blancs pour préserver l'intimité. « La maison est aujourd'hui très calme car les enfants ont grandi. Mais la famille a toujours été très discrète, précise cette habitante. On voyait rarement les enfants traîner dans la rue. Ils rentraient vite chez eux. La maman surveillait de près les devoirs. Ensuite, ils devaient jouer dans le petit jardin qui s'étend de l'autre côté de la maison. De la rue, on n'entendait que les rires et des bruits de ballon car ils étaient à l'abri des regards. »

À la fin des années 1990, les mercredis après-midi et les journées sans école sont souvent rythmés par les jeux dans le jardin familial. C'est ici, avec son frère Anthony et parfois quelques amis, que Raphaël touche ses premiers ballons. « Il a commencé par le rugby, mais il n'aimait pas ça, il s'ennuyait », révèle son père, Gaston, dans un entretien au journal espagnol spécialisé *Marca* en 2013. « À la maison, il n'arrêtait pas de jouer au foot et je crois que c'était mon rôle de l'aider à se familiariser avec le ballon. Mes enfants s'amusaient à envoyer la balle chez le voisin, mais Raphaël a vite compris que le football, ce n'était pas ça. »

Cela tombe bien, Gaston Varane est un passionné de football et plutôt un fin connaisseur. Lors de son enfance en Martinique, il n'hésitait pas à se lancer dans des parties improvisées avec ses frères et ses camarades. Cela pouvait durer des heures si on ne l'arrêtait pas. Son arrivée en métropole n'a rien enlevé à sa passion pour ce sport. Sa rencontre avec Annie et l'arrivée des enfants non plus. Bien au contraire, il a continué de pratiquer régulièrement et a rejoint le club des Antillais de Lille, où il fut joueur puis entraîneur. Il a aussi évolué à l'AS Hellemmes : « C'était un très bon joueur », rapporte René Berthouloux, vice-président du club et figure du football local. « Un droitier qui pouvait évoluer à tous les postes sur son couloir. Avec le ballon, il avait une sacrée prestance. Il n'était pas très grand mais compensait son manque de taille par sa puissance et son engagement. Il prenait le foot très à cœur. Pas étonnant que ses enfants lui aient emboîté le pas. »

Dans le petit jardin de la rue Faidherbe, Gaston passe de longs moments aux côtés de ses deux garçons, donnant quand il faut de la voix pour leur expliquer les rudiments : « Raphaël, il faut frapper comme ça, tu vois… Anthony, prends le temps de contrôler avant de faire la passe à Raphaël… »

« Je leur ai montré les contrôles de balle, la bonne manière de s'améliorer », confirme le papa des deux frangins à *Marca*. « Anthony était meilleur que Raphaël. En plus, il était attaquant, mais Raphaël a vite appris à jouer les duels, à récupérer le ballon sans tacler. »

Alors que Raphaël vient de fêter ses 7 ans et s'apprête à entrer en classe de CE1, le jardin de la maison semble devenu trop petit. C'est l'avis du papa ; cette année scolaire 2000-2001 coïncidera avec ses débuts à l'AS Hellemmes : « Je n'avais pourtant pas l'idée de faire du football en club. C'était juste pour le plaisir de jouer. Mais mon père m'a inscrit sans me le dire… » avouera quelques années plus tard le champion du monde à un journaliste de *La Voix du Nord*. Gaston lui a pris une licence en douce. Pas de doute, son fils est prêt à faire ses débuts au complexe sportif Arthur-Cornette, situé à moins de dix minutes à pied de la maison.

On l'imagine portant la tenue parfaite de l'apprenti footballeur lors de son premier entraînement officiel en septembre 2000 : « Ah non, pas du tout », rectifie immédiatement l'un de ses premiers éducateurs en club, Christophe Debuyser. « Il aurait fallu que vous le voyiez arriver lors de la première séance. Il ne payait pas de mine, c'est sûr ! Alors que quasiment tous les autres gamins étaient vêtus d'un maillot d'un grand club européen avec le nom de leur star préférée floqué dans le dos, lui pas du tout. Il s'est présenté la première fois avec un survêtement, de simples baskets et, tenez-vous bien, avec un pull en laine. » Rafa n'avait pas encore la dégaine d'un footeux et pourtant cela ne l'a pas empêché de connaître une ascension fulgurante...

4
Lille ou Lens ?

« L'AS Hellemmes est un bon club de la région lilloise, mais ça s'arrête là. Dans le coin, c'est loin d'être la référence en matière de formation. Rares sont leurs joueurs qui ont intégré des clubs professionnels. Ça ne les a pourtant pas empêchés de tomber un jour sur un crack ! » La remarque vient d'un jeune homme d'à peine 30 ans, ancien milieu de terrain de niveau régional, reconverti en chauffeur de taxi depuis trois ans. Au moment de terminer sa course devant le grand portail vert du stade Arthur-Cornette, il glisse un dernier mot : « Et dire que Raphaël Varane a débuté ici ! C'est quand même un don du ciel pour ce club. »

Au premier abord, rien n'indique pourtant que le champion du monde 2018 soit passé par là. Aucune photo, aucun panneau pour vanter ses années à l'AS Hellemmes entre 2000 et 2002.

Ici, la discrétion est de mise. On est loin de l'exubérance de Marseille, qui affiche un peu partout le visage du roi Zidane ou de la fierté assumée de la ville de Bondy, aux portes de Paris, communiquant à outrance sur son phénomène, Kylian Mbappé. Pour se savoir arrivé à destination, il faut franchir le portail, avancer un peu plus loin en longeant la piscine et un premier terrain flambant neuf où une vingtaine d'enfants se disputent le ballon, puis contourner le club-house pour finalement tomber sur un nouveau synthétique portant le nom du défenseur central du Real Madrid : « Le terrain Raphaël-Varane a été inauguré le 1er avril 2018. C'est un premier pas pour nous dans la volonté d'honorer notre champion, explique le président, Cédric Lemaire. Même si ce n'est pas le plus médiatisé des internationaux français, Rafa bénéficie d'une cote de popularité énorme dans la région. Les gamins s'identifient à lui et l'AS Hellemmes n'a jamais eu autant de licenciés. C'est juste dommage qu'il n'ait pas pu être présent pour couper le ruban lors de l'inauguration, mais il était tout excusé : il jouait deux jours plus tard un match décisif de Ligue des champions face à la Juventus Turin ! Sa famille était quand même parmi nous et on a pu évoquer les deux belles années qu'il a passées au club. »

L'histoire a débuté sur les chapeaux de roue, dès le premier entraînement en débutants en septembre 2000. « Il était facile à remarquer car il était déjà beaucoup plus grand que les autres. Il avait aussi une coupe de cheveux que je n'oublierai jamais. Elle était identique à celle de Michael Jackson lorsqu'il chantait gamin avec les Jackson Five », raconte son premier éducateur, Benoît

Hubaut. « Balle au pied, il se distinguait aussi de ses coéquipiers. Il était beaucoup plus puissant, en avance techniquement et déjà alerte dans ses déplacements. Du coup, pour ne pas lui faire perdre de temps et qu'il ne s'ennuie pas avec nous, après deux-trois séances, j'ai proposé qu'on le surclasse chez les poussins. »

C'est ainsi que Christophe Debuyser, jeune éducateur de 17 ans, voit débarquer un nouvel élément dans les effectifs de sa catégorie : « Nous avions trois équipes de poussins et j'avais en charge les meilleurs qui avaient un à deux ans de plus que Rafa. J'ai voulu quand même le prendre avec moi à l'entraînement pour me faire une première idée. C'est vrai qu'il était déjà grand et puissant pour son âge, mais j'ai surtout découvert un gamin très tonique, discipliné, concerné, qui avait envie d'apprendre et était à l'écoute de mes conseils. Le premier week-end, je l'ai fait jouer avec l'équipe C. Il a été le meilleur. Alors, le match suivant, je l'ai mis en B. Même constat. J'ai donc fini par le prendre avec moi au bout du troisième match. »

En raison de son gabarit, Raphaël Varane est aligné le plus souvent en défense centrale, mais il évolue aussi parfois comme milieu de terrain : « Il savait se montrer performant à n'importe quel poste, il est naturellement devenu indispensable à l'équipe, affirme Christophe Debuyser, c'était une sacrée performance car il y avait de très bons joueurs dans cette génération, sans doute la plus talentueuse que l'AS Hellemmes ait jamais connue. Avec ce groupe, je peux vous assurer que l'on n'avait peur de personne, pas même du Racing Club de Lens, de Wasquehal ou du LOSC. Dans un bon jour, on était capables de passer cinq buts à ces équipes. »

En poussins, les coéquipiers de Rafa se prénomment Zacharie, Ibrahima, Kenny ou encore Victor : « Il nous a tout de suite bluffés, raconte l'un d'entre eux. Il n'était pas du genre à se mettre en avant ou à tirer la couverture à lui. Il était très discret dans les vestiaires, restait dans son coin sans jamais non plus être à l'écart. Sur le terrain, c'était un roc. Il fallait vraiment être costaud pour arriver à lui prendre la balle ou à le mettre en difficulté défensivement. Il était capable aussi de marquer des buts incroyables. J'ai le souvenir notamment de frappes du milieu de terrain qui finissaient dans la lucarne. »

« C'est vrai qu'il a rapidement mis des buts exceptionnels, renchérit Christophe Debuyser. Lorsqu'il s'élançait du rond central, les adversaires le traitaient limite de prétentieux. Ils nous disaient : "Mais vous croyez vraiment qu'il va marquer à cette distance ?" Et pourtant si ! Très souvent le ballon finissait au fond de la cage. Alors, les adversaires tentaient de trouver la parade en plaçant des joueurs devant le but, mais cela ne l'empêchait pas de tenter encore sa chance et de marquer à nouveau. Sa frappe de balle était hors norme. Pour vous dire, je l'ai même vu marquer de notre cage sur des dégagements ! »

Les débuts de Rafa à l'AS Hellemmes sont une vraie réussite. Il se distingue quasiment à chacune de ses sorties, que ce soit lors des rencontres du week-end et lors des tournois effectués dans les villes voisines ou de l'autre côté de la frontière, en Belgique. Ses parents,

Gaston et Annie, sont quasiment de tous les déplacements, et la famille Varane fait l'unanimité : « On voyait tout de suite que le gamin était intelligent et bosseur, raconte le père d'un ex-coéquipier. Il était aussi très poli et respectueux. On sentait qu'il était suivi par sa famille, entouré de personnes bienveillantes et qu'il s'épanouissait dans un environnement sain. »

Lors de sa deuxième année au club, en 2001-2002, Rafa reste au contact des plus grands. Il navigue toujours entre les générations 1992 et 1991 et intègre très souvent l'équipe des benjamins (actuels U11) de Christophe Debuyser. Pourtant, très peu encore au club imaginent le « petit » faire carrière dans le monde professionnel : « C'était un très bon joueur, capable de faire des transversales de plus de 30 mètres à seulement 9 ans, mais on n'a jamais parlé de lui comme d'un crack ou d'un futur talent. Il avait quand même quelques difficultés pour dribbler qui étaient liées à son gabarit. Il n'était pas encore à l'aise dans les petits espaces et cela se ressentait notamment lors des tournois en salle », assure un dirigeant croisé au club-house. « À l'AS Hellemmes, on parlait plus de son grand frère, Anthony, qui avait des qualités techniques bien supérieures, mais qui était plus petit. Il a joué à un bon niveau, jusqu'en championnat national à Wasquehal, mais son gabarit a sans doute été un frein à sa progression. »

Aux débuts des années 2000, les standards recherchés par les centres de formation professionnels correspondent plus en effet au profil du cadet de la famille Varane. « À l'époque, il était déjà taillé, témoigne un ex-coéquipier. Une fois dans le vestiaire, on était tous surpris et impressionnés quand il a retiré son maillot. À 9 ans, il avait déjà des abdominaux. On se demandait tous comment c'était possible ! »

Contrairement à la grande majorité de ses copains, Rafa ne rêve pourtant pas de devenir une star du football. Il n'a d'ailleurs pas forcément d'idole. En revanche, comme les enfants de son âge qui ont grandi avec le succès de l'équipe de France lors de la Coupe du monde 1998, il a succombé à la mode des roulettes à la Zizou. Le plaisir du joli geste et du jeu prédomine avant tout chez lui, que ce soit sur les terrains en terre battue du stade Arthur-Cornette ou sur le bitume de la cour d'école ! Cette seconde saison à l'AS Hellemmes va pourtant marquer un tournant dans sa future carrière…

« En février 2002, nous sommes allés disputer un tournoi très relevé à une dizaine de kilomètres, à Lys-lez-Lannoy, raconte Christophe Debuyser. Il y avait cette année-là du beau monde, avec notamment les clubs professionnels de Lille, Lens et Valenciennes. Comme souvent avec cette génération, on a fait un superbe parcours et on a remporté le tournoi en venant à bout du LOSC en finale. Lorsqu'un club amateur réalise une telle performance, cela attire bien évidemment les recruteurs : après la remise des récompenses, le représentant de Lille est venu me voir pour me demander le nom de trois de mes joueurs afin de les convoquer pour une prochaine détection. C'était notre club partenaire, je lui ai donc donné leurs contacts tout en lui indiquant qu'il me manquait l'un de mes meilleurs éléments, un défenseur central surclassé de deux ans. C'était Rafa. Il était absent pour le tournoi car il était parti en vacances avec ses parents. Mais le recruteur lillois n'a rien voulu savoir et m'a écarté poliment : "Non merci, je prends en détection seulement les joueurs que j'ai vus." La discussion en est restée là avec lui, mais le recruteur de Lens, qui était juste à côté, a tout de suite embrayé : "Moi, je veux bien le nom du gamin dont tu viens de parler, parce que si tu as un joueur encore plus fort que ceux que j'ai vus aujourd'hui, il faut absolument que je le voie à l'œuvre." » Et c'est comme ça que Rafa a été repéré, sans avoir rien demandé et surtout sans jouer le moindre match…

L'homme qui a eu le nez creux se nomme Jean-Philippe Cousin. Ce recruteur du Racing Club de Lens, qui, ironie de l'histoire, a depuis rejoint le LOSC, viendra à plusieurs reprises superviser Raphaël Varane sur les terrains de l'AS Hellemmes avec son acolyte, Frédéric Dehaeze. « On l'a revu notamment sur un autre tournoi en salle, raconte ce dernier, et on avait été subjugués par son sens du placement et sa maturité dans le jeu. On avait l'impression de voir à l'œuvre un joueur de 30 ans ! »

Le duo passera rapidement le témoin au responsable de la cellule recrutement Jean-Carl Tonin, qui se chargera d'évaluer le jeune défenseur lors de plusieurs détections à Villeneuve-d'Ascq et sur les terrains du centre de formation de La Gaillette.

Le projet lensois séduit toute la famille. Mais le LOSC a entre-temps compris son erreur et joue son va-tout pour combler son retard sur ce dossier. Les Dogues envoient à leur tour des recruteurs à l'AS Hellemmes, proposent des rendez-vous et des détections et insistent auprès de Gaston et d'Annie sur la proximité de leur club par rapport à celui du RC Lens : « Les parents de Rafa étaient du coup un peu dans le flou et voulaient absolument avoir mon avis avant de prendre leur décision, se souvient son éducateur, Christophe Debuyser. Alors, ils m'ont reçu chez eux, dans leur maison de la rue Faidherbe et m'ont expliqué, la situation : Lille proposait de prendre immédiatement Rafa dans ses effectifs alors que Lens souhaitait l'incorporer progressivement en le faisant venir la semaine aux entraînements, mais en le laissant jouer le week-end avec ses copains du club de l'AS Hellemmes. Cela semblait mieux leur convenir. Ils ne voulaient pas voir Rafa coupé complètement de ses amis et de sa famille à seulement 9 ans. Je partageais leur avis et j'ai fini par leur rappeler que Lens avait été le premier club à se manifester. Cela comptait pour moi. Et pour eux aussi... »

5

Sang et Or

Enfiler le maillot sang et or n'est pas donné à tout le monde. Il peut parfois se révéler très lourd à porter. Il y a d'abord le poids de l'histoire : celle d'une ancienne ville minière de 30 000 habitants longtemps rongée par la crise et qui a fait de son club de football un étendard en signe de résistance. Il y a aussi l'attente immense de ses supporters qui ne vivent que pour le football. Ce maillot, il faut savoir le mouiller, être capable de tout donner sur un terrain. En effet, le Racing Club de Lens, c'est la version française du Liverpool FC, un club populaire soutenu par un public fidèle et fabuleux qui donne la chair de poule lorsqu'il entonne en chœur l'hymne des corons…

« *Au nord, c'étaient les corons*
La terre c'était le charbon
Le ciel c'était l'horizon
Les hommes des mineurs de fond… »

« À Lens, le Racing représente tellement. C'est notre bouffée d'oxygène. Toute la ville est derrière le club et le stade Bollaert est un peu la place du village, là où tout le monde se croise », raconte Annie, supportrice de longue date du RCL. « Nos couleurs racontent tellement bien notre histoire. Le sang, c'est celui de tous les mineurs qui ont travaillé dur et payé le prix fort pour subvenir aux besoins de leur famille. L'or, c'est le charbon extrait de nos mines qui a longtemps fait vivre les habitants de notre région... »

Le Racing Club de Lens n'a pourtant pas toujours porté ces couleurs... À sa création, en 1906, il évoluait en vert et noir puis, à partir de 1919, il s'est paré d'une tenue bleu-blanc-rouge en l'honneur du foyer franco-américain qui a aidé à reconstruire la ville après la Première Guerre mondiale. C'est seulement à partir de 1923 que le RCL a définitivement adopté le rouge et le jaune. C'était un choix du président du club de l'époque, Pierre Moglia, en hommage au drapeau des Espagnols qui ont occupé la ville au XVIIe siècle.

Aujourd'hui, le Racing Club de Lens n'est pas seulement « une fierté locale », c'est un club reconnu dans le paysage footballistique français. Vice-champion de France à quatre reprises, dont deux fois dans les années 1950, il a décroché ses premières récompenses nationales à la fin des années 1990 avec un titre de champion de France en 1998, suivi d'un succès en Coupe de la Ligue en 1999.

« À cette époque, poursuit Annie la supportrice, le Racing était au premier plan. Notre président, Gervais Martel, était un personnage influent du foot français et il avait mis en place un staff et une équipe performants. Il n'y avait pas de stars chez nous mais des joueurs comme Jean-Guy Wallemme, Éric Sikora ou encore le gardien de but, Guillaume Warmuz, qui incarnaient à merveille les valeurs du club, à savoir le partage, la fierté et l'humilité. »

Au début des années 2000, le Racing club de Lens, devenu tout-puissant, n'a aucun mal à attirer les meilleurs jeunes de la région. Il bénéficie de l'aura de son équipe fanion, mais aussi des difficultés du voisin lillois qui se remet à peine des trois saisons passées en deuxième division. « Le cas de Raphaël Varane n'était pas isolé. Il y a beaucoup de jeunes Lillois qui ont rejoint les rangs du Racing à ce moment-là », rapporte Stéphane Carpentier, journaliste de *La Voix du Nord*. « Le LOSC venait tout juste de retrouver la Ligue 1 et Lens avait un coup d'avance sur son voisin, notamment en matière de formation, où il était particulièrement performant. Alors, même si la rivalité a toujours été présente entre les deux entités, il n'y avait aucun problème à ce qu'un gamin des environs de Lille intègre les équipes lensoises... »

La cellule recrutement dirigée par Jean-Carl Tonin est particulièrement bien inspirée à l'époque : Anthony Knockaert (Brighton & Hove), Gaël Kakuta (ex-Chelsea, Rayo Vallecano), Arthur Masuaku (West Ham United) sont dénichés par les deux recruteurs, Jean-Philippe Cousin et Frédéric Dehaeze, dans les clubs lillois de Leers, de Moulins-Carrel et de Fives. Et, lors de la saison 2002-2003, un nouveau contingent du district des Flandres débarque à Lens : quatre joueurs nés en 1992 et un représentant de la génération 1993, un certain Raphaël Varane.

« Je me souviens parfaitement de son arrivée au club car elle nous avait posé un léger problème », assure Didier Dubois, responsable de l'école de foot et de la préformation du RCL entre 1999 et 2015. « Au vu du nombre de jeunes Lillois dans nos effectifs, on avait décidé de mettre en place une navette pour assurer les allers-retours jusqu'au centre d'entraînement. Malheureusement pour Rafa, elle ne pouvait accueillir que huit joueurs et lorsqu'il a fini par donner son accord à notre club, le minibus était déjà complet. Heureusement, ses parents, et notamment sa maman, étaient assez disponibles et surtout disposés à faire trois ou quatre fois par semaine l'aller-retour entre Hellemmes et Lens, soit 80 kilomètres à chaque fois. »

C'est ainsi qu'à la rentrée 2002, Raphaël Varane entame sa nouvelle vie. Toujours scolarisé à l'école primaire Jean-Jaurès à Hellemmes, il effectue en voiture personnelle ces longs trajets qui jalonneront ses quatre saisons à l'école de football du Racing Club de Lens. Il découvre lors de cette dernière année en tant que « poussin » un rythme d'entraînement plus soutenu, avec désormais trois séances hebdomadaires sur les terrains du centre de La Gaillette à Avion. Sa mère, Annie, patiente souvent dans le hall et profite des longues heures d'attente pour corriger ses copies d'anglais. « On sentait la famille soucieuse du bien-être du petit, raconte un cadre de la formation lensoise. Ils étaient à la fois protecteurs avec Rafa et intransigeants. On a vite compris que le football passerait toujours pour eux après l'école. »

Rafa ne semble pas perturbé par cette nouvelle organisation. Il apprend rapidement à connaître ses nouveaux partenaires et son premier entraîneur chez les Sang et Or, Thierry Delvallet : « Il est arrivé sans faire de bruit. Ce n'était pas le genre de môme à faire le mariole. Il était discret même s'il n'a eu aucun mal à faire sa place dans le groupe. J'en ai d'ailleurs rapidement fait mon capitaine », assure ce professeur de sports qui œuvre au RCL depuis 1987.

Sur les douze joueurs qui composent cette équipe U10, seuls deux parviendront à atteindre le niveau professionnel. Raphaël Varane et... Joachim Eickmayer : « On était pourtant tous à peu près du même niveau et il était impossible de savoir encore qui sortirait du lot quelques années plus tard », relate ce milieu de terrain offensif qui a joué au FC Sochaux et à Amiens et a disputé avec Les Herbiers la finale de la Coupe de France 2018 face au Paris Saint-Germain. « Rafa n'était pas le plus bavard, mais c'était déjà un leader sur le terrain. Je me souviens qu'il n'avait pas besoin de beaucoup parler pour se faire comprendre. Et son gabarit lui permettait souvent de faire la différence en défense... »

Comme sous le maillot bleu et blanc de l'AS Hellemmes, Rafa devient vite un joueur clé de l'équipe lensoise. « Il était au-dessus des autres... surtout par sa taille, s'amuse à souligner Thierry Delvallet. Il tenait la baraque derrière en se montrant toujours imperturbable et il faisait aussi la différence devant. S'il marquait des buts ? Carrément ! On avait d'ailleurs mis au point une tactique avec lui. Au coup d'envoi du match, on s'arrangeait pour prendre l'engagement et je lui demandais de ne pas faire de passe mais de tirer directement... »

Et boum, un grand shoot du pied droit ! Cela marchait quasiment à tous les coups. Le gardien adverse n'avait pas encore eu le temps de toucher le ballon qu'il allait déjà chercher le cuir au fond des filets... « Une frappe de balle comme ça, c'était rare pour son âge. Après quelques secondes de jeu, on menait déjà 1-0... et après on en mettait une rafale. On gagnait 9 ou 10 à 0 et Rafa marquait aussi de la tête et dans le jeu. »

Par la suite, Thierry Delvallet n'hésite pas à sortir Rafa de sa zone de confort. Il le fait évoluer un peu plus haut sur le terrain et le décale aussi parfois sur le côté gauche afin de lui faire travailler son pied faible. Son équipe survole les rencontres et ne laisse que les miettes à ses adversaires : « Je n'ai plus les chiffres en tête, mais on a quasiment tout gagné. Je me souviens surtout d'un déplacement dans le sud de la France, au Cannet-Rocheville, près de Cannes. La plupart des gamins prenaient pour la première fois l'avion. On avait gagné le tournoi en battant notamment Bastia et le Cavigal Nice. Je revois Rafa sur le terrain mais également le soir à l'auberge, sautant dans la piscine lors d'un week-end mémorable. »

Cette première saison au Racing Club de Lens donnera le tempo des trois autres qui suivront sous la direction de Jean-Marc Ghignet, Pascal Leprovost et Hervé Arsène. Rafa poursuivra sa progression entre 2003 et 2006 dans une génération 1993 qui incorporera en cours de route Geoffrey Kondogbia (Valence CF), Rachid Aït-Atmane (Dinamo Bucarest), Dylan Deligny (Dudelange) et, un peu plus tard encore, le petit frère d'Eden Hazard, Thorgan (Borussia Mönchengladbach).

« Ce n'était pas forcément celui que l'on remarquait en premier sur le terrain. Généralement, on est attiré par les joueurs au profil plus offensif ou qui dégagent un caractère fort. Un joueur comme Kondogbia en imposait sans doute beaucoup plus auprès des adversaires », déclare Pascal Leprovost, son coach en benjamins. « Pourtant, lorsque je l'ai eu lors de sa dernière année de foot à neuf, Rafa était le seul à proposer déjà un jeu épuré. Il n'y avait quasiment rien de superflu chez lui. »

« C'est vrai qu'il a eu très tôt ce souci de l'efficacité », confirme Hervé Arsène, l'un des nombreux anciens professionnels du club à avoir intégré ensuite la formation lensoise, « mais je ne retiendrais pas que ça de son année U13 avec moi : tout d'abord, sa facilité à apprendre. On pouvait lui faire une remarque tactique le matin et elle était déjà mise en pratique l'après-midi. Avec lui, il n'y avait jamais besoin de répéter dix fois les consignes ! Je retiendrai aussi son sang-froid. Dans les grands rendez-vous en championnat face à Lille, Boulogne ou Valenciennes, il était toujours là. De même lors du tournoi international de Sens, où il a été l'un des seuls à répondre présent. C'est dans ces matchs-là que l'on voit les futurs grands... »

Ce concert de louanges est appuyé par les rapports d'évaluation de fin de saison qui soulignent quasiment toujours les traits marquants du jeu de Rafa : « On était tous d'accord sur ses points forts, rapporte un ancien cadre de la formation lensoise, à savoir une intelligence rare, une force mentale de champion, une capacité d'anticipation et une rigueur dans l'approche des séances d'entraînements. Mais cela ne nous empêchait pas d'avoir quand même des doutes sur sa réussite future. On avait émis quelques bémols sur son explosivité et sa motricité. Avec ses grands compas, il avait parfois du mal à avancer et on avait tendance à le trouver un peu décomposé dans son allure. Mais, avec le recul, c'était logique car il fallait qu'il se structure. »

Cela tombe bien, car à l'issue des quatre premières années passées à l'école de foot du Racing Club de Lens, Raphaël Varane se voit proposer un nouveau challenge. Alors qu'il vient de fêter ses 13 ans, il fait partie des quelques joueurs de sa génération à intégrer le prestigieux pôle espoirs de Liévin, situé à quelques kilomètres de Lens. « Pour les talents de la région parisienne, il y a Clairefontaine, et pour les grands espoirs du nord de la France, c'est Liévin », explique l'ancien responsable du recrutement, Jean-Carl Tonin. « Les meilleurs joueurs de Lens, de Lille et quelques éléments souvent venus des clubs de Dunkerque et de Valenciennes sont réunis ici pendant les deux années de préformation entre 13 et 15 ans. Cela leur donne la possibilité de se côtoyer durant la semaine tout en jouant le week-end dans leurs clubs. Rafa entrait tout à fait dans ce cadre-là, d'autant que les résultats scolaires avaient aussi leur importance. Il sortait d'une très bonne année en classe de 5e au collège Saint-Exupéry d'Hellemmes et il n'a eu aucun mal à réussir le concours d'entrée. »

Fini les allers-retours interminables durant la semaine entre la banlieue lilloise et le centre d'entraînement du Racing. Rafa va connaître les joies… et les malheurs de l'internat !

6

Un géant à genoux

« Ce n'est pas compliqué de l'identifier sur une photo d'équipe... C'est toujours le plus grand ! » La remarque est signée Didier Dubois, ancien responsable de l'école de foot du Racing Club de Lens et entraîneur de Rafa dans la catégorie des U14. Celui-ci a d'autres infos dans les cartons : « L'année où je l'ai eu, il mesurait déjà 1,75 m, ce qui est loin d'être commun pour un gamin de 13 ans. Et il n'était pas seulement grand, il avait aussi de belles aptitudes physiques puisqu'il était déjà performant au test de Léger-Boucher qui permet de calculer la vitesse maximale aérobie (VMA). Il atteignait le palier 19 sur 22 avec un résultat de 17,5 km/h, ce qui est considérable pour son âge. »

Didier Dubois n'a pourtant pas vraiment eu l'occasion d'exploiter les qualités de son défenseur central. Cette saison 2006-2007, marquée par l'arrivée du jeune Lensois au pôle espoirs de Liévin, sera entachée par une blessure récurrente chez les jeunes footballeurs :

la maladie d'Osgood-Schlatter, une pathologie de croissance qui touche les genoux.

« Cette maladie peut être contractée par les garçons au moment de leur puberté, notamment les enfants qui pratiquent des sports à impulsion comme le football mais aussi le basket-ball, le tennis ou encore la gymnastique, explique un médecin du sport. Elle se manifeste par des douleurs de l'insertion basse du tendon rotulien du genou et provoque une gêne plus ou moins intense lors de la pratique du sport. Le traitement est simple : le plus souvent, il s'agit d'observer un repos de quatre à six semaines. »

Pour Rafa, le calvaire durera beaucoup plus longtemps : quasiment deux saisons où il sera sur le flanc pendant près de huit mois... « Évidemment, cela a terni son passage chez nous », confirme le directeur adjoint de Liévin, Alain Delory. « Mais je suis certain que cela l'a aussi aidé pour sa future carrière. Rafa ne serait sans doute pas le joueur qu'il est aujourd'hui sans avoir vécu cette galère-là... »

Lors de la rentrée 2006, Rafa n'imagine pas encore le calvaire qui l'attend. Son arrivée à Liévin doit lui permettre de bénéficier de conditions optimales pour ses deux années de préformation U14 et U15 : « Après quatre années à l'école de foot du RC Lens et des trajets interminables, il y avait une vraie volonté de ses parents pour que l'on propose autre chose à leur fils », explique un formateur du club sang et or. « Le pôle espoirs de Liévin, fréquenté aussi par Benjamin Pavard (VfB Stuttgart) et Clément Lenglet (FC Barcelone), était du coup une bonne alternative.

Tout en continuant à jouer le week-end pour le RCL, Rafa allait pouvoir vivre une nouvelle aventure durant la semaine qui serait en rapport avec son double projet : à savoir, continuer sa progression dans le football en bénéficiant d'installations et d'un encadrement performants, et, priorité de ses parents, bénéficier d'un suivi scolaire de premier plan dans un internat et un collège de qualité. »

Le pôle espoirs de Liévin, implanté en plein cœur du bassin minier, remplit toutes ces conditions. Dans un cadre aéré et paisible, malgré la proximité du stade couvert qui accueille les manifestations sportives et culturelles de la région, la structure pilotée par la Fédération française de football est dotée des installations adéquates et le collège Descartes-Montaigne n'est qu'à une centaine de mètres. Ici, deux générations de dix-neuf joueurs issus des districts du Nord, du Pas-de-Calais, de la Somme, de l'Oise et de l'Aisne bénéficient chaque année d'horaires aménagés en classes de 4e et de 3e. Et pour cela, le planning est serré et les journées sont réglées comme du papier à musique :

6 h 45 : lever et petit-déjeuner
7 h 45 : départ pour le collège
8 h 00 : début des cours
14 h 00 : fin des cours
15 h 00 : entraînement
18 h 00 : études surveillées
19 h 00 : repas
20 h 00 : études surveillées ou détente
21 h 30 : extinction des feux.

« C'est vrai qu'il n'y a pas de temps mort chez nous, abonde Alain Delory, et on est obligés de suivre de près ce planning durant toute la semaine et de s'y tenir jusqu'au départ des joueurs dans leurs familles le vendredi à 17 heures. »

Lors de l'arrivée de Rafa en 2006, Alain Delory œuvre déjà depuis plusieurs années au sein d'une équipe de six permanents dirigée à l'époque par l'entraîneur principal, Philippe Lambert, un proche de Laurent Blanc. Parmi eux figure Victorien Boulon, chargé de la remise en forme des blessés au pôle espoirs de Liévin.

« Chaque saison, sept ou huit joueurs d'une génération doivent faire face à une longue blessure », indique le préparateur physique d'une trentaine d'années. « Il y a deux types de maladies qui reviennent à cet âge : Sever, une pathologie qui touche souvent le talon, et Osgood-Schlatter pour les genoux. Pour Raphaël, cela s'est compliqué un mois et demi après la reprise de la saison. Son genou gauche n'a pas tenu. Comme tous les enfants qui ont une croissance accélérée, il a commencé à avoir de grosses douleurs. Il tirait sur toutes les insertions. Il était du coup hors de question qu'il continue à s'entraîner avec le groupe. Il a donc fallu soulager sa charge de travail et commencer à l'accompagner. »

Dans un premier temps, Rafa est laissé au repos par le médecin du pôle espoirs, Jean-Michel Proville, et doit se résoudre à laisser filer ses coéquipiers de la génération 1993 à l'heure de la séance d'entraînement quotidienne. Il reste seul à l'étage dans sa chambre en attendant d'effectuer un travail individualisé avec le kinésithérapeute Matthieu Parent.

« Avec notre kiné, il a appris l'importance des étirements pour soulager des zones bien précises, détaille le médecin. Au bout de quelques semaines, cela a porté ses fruits et j'ai enfin eu le feu vert pour le prendre avec moi, poursuit Victorien Boulon. On a commencé ce qu'on appelle la phase de "réathlétisation". Lors de séances individualisées, on travaillait l'aérobie car il était un peu disproportionné avec ses pieds qui s'allongeaient et ses muscles et ses os qui prenaient tout doucement leur place. On a aussi beaucoup bossé avec le ballon en insistant sur les petits appuis. Il avait déjà cette qualité de passes, mais ses enchaînements étaient assez longs. Alors, on a enchaîné, pied droit, passe pied gauche, et inversement. Des séquences simples mais importantes sur la technique pure. »

Alors que, de l'autre côté du terrain en herbe, la génération 1993 travaille les frappes devant le but avec des ballons ultra-gonflés sous les ordres de Philippe Lambert et de son adjoint, Anthyme Charlet, le duo passe des heures en tête à tête. « Cela a été pour moi une magnifique découverte et une révélation, assure Victorien Boulon. Je connaissais ses qualités de footballeur, mais j'ai vite été conquis par le personnage. Il était toujours en quête de conseils, avait soif d'apprendre et possédait une approche des entraînements déjà très professionnelle. Je me souviens d'une fin de séance où j'avais oublié de lui dire de faire ses étirements. Lorsque je suis revenu quelques minutes plus tard, il enchaînait les mouvements tout seul. Il avait un temps d'avance sur les autres et c'était un bonheur de travailler avec un gamin comme ça... »

Les efforts finissent par payer. Après quatre mois d'absence, Rafa réintègre le groupe en début d'année 2007. Il retrouve peu à peu le rythme soutenu des deux heures d'entraînement quotidiennes du pôle espoirs et reprend goût à la compétition le week-end sous le maillot des U14 du Racing Club de Lens : « Durant toute la première partie de saison, on avait essayé de le réconforter pour que le doute ne s'installe pas chez lui. Il fallait qu'il prenne son temps pour revenir afin de ne pas casser la machine », se rappelle son éducateur au RCL, Didier Dubois. « Grâce au travail fait à Liévin, il a pu participer à notre fin de saison et disputer avec nous quelques tournois importants comme celui des Burel, dans un quartier de Marseille, ou encore celui du Camp des Loges sur les terrains du centre d'entraînement du Paris Saint-Germain. »

Mais, au moment de lancer sa dernière année de préformation, à la fin du mois d'août 2007, le large sourire s'efface à nouveau : c'est cette fois au tour du genou droit de le faire souffrir... « C'est malheureusement typique de la maladie d'Osgood-Schlatter. Il y a très souvent une rechute et un déplacement sur l'autre genou, confirme Victorien Boulon. Et Rafa n'y a pas échappé. »

« Cela a été une période très dure à vivre pour lui, enchaîne le directeur adjoint de Liévin, Alain Delory. On a essayé de l'accompagner le mieux possible, mais il ne faut pas se le cacher, il y a eu quelques moments de blues. On a essayé de lui remonter le moral en passant de manière informelle dans sa chambre et en jouant un peu tous les rôles à la fois : celui du papa, du grand frère ou du copain. On lui disait : “Il faut que tu acceptes ce qui t'arrive car tu fais partie des morphologies qui grandissent très vite. Aujourd'hui, tu es en difficulté, par contre à partir de 15 ans tout va rentrer dans l'ordre.” Ses parents aussi ont joué un rôle important. Ils ont été très présents, notamment sa maman qui était là pour lui remonter le moral et rappeler à tous que l'important restait les études. »

Rafa ne lâchera pas. Il s'accroche encore une fois et entame à nouveau le protocole de reprise : repos les premières semaines, puis séances de kiné dans le petit cabinet médical au rez-de-chaussée. Sur le plan scolaire, il reste un élève sérieux et apprécié de ses professeurs. Son premier bulletin de classe de 3e est excellent. Il n'est pas loin d'une moyenne générale de 16.

« Travail scolaire : très bon trimestre. Cependant un peu plus de travail en français et en maths.

Comportement au pôle : autonome, agréable et sérieux. Reconnu par les autres comme un leader. Qu'ils puissent compter sur toi car tu aurais tendance à t'isoler. La vie de groupe fait partie de la tienne.

Commentaires : un double projet complètement intégré. »

« Ce double projet l'a sans doute aidé à tenir durant cette période. Il a compris que cela pouvait s'arrêter vite et il a maintenu un cap par rapport à sa scolarité, reprend Victorien Boulon. Lorsqu'il allait en études, il travaillait... Il restait bosseur et rigoureux dans n'importe quel domaine. Le matin, c'était l'un des seuls à se lever parfois un peu plus tôt pour venir m'aider à faire chauffer le chocolat et préparer les petits-déjeuners. Ce gamin-là avait un état d'esprit à part… Bon, il faisait aussi quelques petites bêtises parfois, c'est normal à son âge… »

Des bêtises ? « Il lui est arrivé de renverser le lait un jour où il était venu donner un coup de main à "Victo" pour le petit-déjeuner, glisse Alain Delory. Il aurait fallu le prendre en photo. Avec son visage à peine réveillé, on aurait dit Droopy ! »

D'autres anecdotes ? « Ah oui… s'amuse Alain Delory. Il ne va pas trop apprécier, mais il faut quand même que je vous montre un truc caché dans mon placard depuis plus de dix ans. *(Il se lève de sa chaise, ouvre un placard proche de son bureau et saisit un objet.)* Regardez ça… *(Il sort un pistolet à billes.)* C'était celui de Rafa. À l'époque, c'était la grande mode et on avait dû lui confisquer car évidemment les pistolets à billes sont interdits au pôle espoirs. Il n'a même pas protesté et n'est d'ailleurs jamais venu me le redemander. C'est ce qui était bien chez lui. Il y avait un juste équilibre, car un gamin qui ne fait pas de bêtises ou se refrène trop, ce n'est pas forcément bon signe… »

Rafa n'a plus forcément besoin de son pistolet à billes pour tuer le temps… Lors de la seconde partie de la saison 2007-2008, il semble enfin débarrassé de ses soucis de santé. Il a retrouvé le ballon et ses camarades de jeu. Les deux années passées au pôle espoirs de Liévin sont en passe de s'achever. Il va intégrer, la saison suivante, le centre de formation de Lens et laisser derrière lui la petite équipe d'éducateurs et notamment Alain Delory : « On était évidemment tous satisfaits de le revoir sur le terrain, heureux d'avoir croisé son chemin et on avait hâte de connaître la suite de son histoire… »

7
En attendant mieux…

L'entrée au centre de formation est un tournant. C'est souvent là que tout se joue, que les carrières se lancent. Plus question de cacher ses ambitions. L'objectif est le même pour tous : aller décrocher le plus rapidement possible un contrat professionnel.

« Ce sont des années décisives », soutient un ancien formateur français qui a œuvré pendant plus d'une vingtaine d'années dans la pépinière d'un club de Ligue 1. « L'école de foot et la préformation permettent de travailler sereinement et d'éviter une trop grosse pression aux gamins. Mais à partir de l'entrée au centre de formation, c'est la jungle ! Votre adversaire n'est plus seulement celui qui joue dans l'équipe d'en face, mais c'est aussi votre partenaire de vestiaire. Pour aller chercher le contrat professionnel, il faudra être meilleur que votre copain de promotion… C'est là toute la difficulté de cette période où beaucoup de rêves s'éteignent… Il n'y a malheureusement pas de place pour tout le monde… »

Georges Tournay, lui aussi, a vu passer des milliers de candidats au succès. Cet ancien attaquant qui frôle la soixantaine a été professionnel pendant six ans sous les couleurs du Racing Club de Lens entre 1977 et 1983 avant de poursuivre sa carrière, en deuxième division, à Abbeville et à Louhans-Cuiseaux. Au début des années 1990, il est revenu à ses premières amours, les Sang et Or, où il a quasiment tout connu pendant plus de vingt ans comme responsable de la formation et aussi comme adjoint et entraîneur principal de l'équipe fanion.

Lors de l'arrivée de Raphaël Varane au centre de formation à la fin de l'été 2008, celui qui a révélé N'Golo Kanté lors de son bref passage à Boulogne tente de mettre en place un nouveau projet à l'académie lensoise : « L'idée était de s'appuyer réellement sur les forces vives de la région », explique-t-il de son bureau de Liévin où il a pris la direction du pôle espoirs en 2014. « Le Racing venait tout juste de descendre en Ligue 2 et on misait sur les joueurs du cru pour bâtir l'équipe de demain. Il y avait du coup une forte identité régionale au centre de formation du RCL, avec près de 80 % de nos effectifs venant de la Ligue des Hauts-de-France. »

Rafa fait partie intégrante de ce nouveau projet. Le Lillois entame déjà sa septième saison au club, même si c'est un joueur neuf qui débarque à 15 ans au centre de formation après deux saisons compliquées par ses blessures : « Je l'avais suivi depuis son arrivée chez nous. Je connaissais très bien ses parents et j'avais suivi de près ses années difficiles au pôle espoirs, témoigne Georges Tournay. On savait que cette saison allait être un révélateur. Il avait connu tellement de galères et de souffrances qu'il devait retrouver du plaisir et du rythme. C'est pour cela qu'on a décidé de ne prendre aucun risque avec lui et de lui laisser du temps. »

Lors de la première partie de son année U16, Rafa peut tranquillement se familiariser avec sa nouvelle vie. Il est entré en classe de 2nde au lycée Henri-Darras de Liévin et a intégré en parallèle l'internat de La Gaillette du Racing Club de Lens. Le planning est aussi serré qu'au pôle espoirs : son quotidien se partage entre les cours, de 8 heures à 15 heures, les entraînements, de 16 heures à 18 h 30, et la vie en internat où il se retrouve en chambre avec un gardien de but, Mathieu Duconseil. « On jouait déjà ensemble depuis quelques années, mais on a vraiment appris à se connaître au centre de formation de La Gaillette », explique celui qui est devenu depuis son confident et meilleur ami. « On avait des caractères bien différents. Rafa était déjà très posé et réfléchi. Mais on avait la même ambition de mener à bien notre double projet sportif et scolaire. Alors, dès la première année, on a appris à se serrer les coudes aussi bien sur le terrain qu'en salle d'études. On passait tout notre temps libre ensemble et j'ai encore en mémoire quelques parties de ping-pong épiques... »

Sur les terrains du centre d'entraînement de La Gaillette, Rafa retrouve peu à peu la confiance et reprend ses marques. Comme prévu, il démarre la saison avec l'équipe U17 DH. Dans ce championnat régional, il joue notamment avec le Belge Thorgan Hazard, arrivé la saison précédente à Lens. « Ils étaient trois-quatre espoirs de cette génération 1993 à évoluer pendant les six premiers mois en championnat de division d'honneur, confirme Georges Tournay. Ce n'était pas un manque de confiance de notre part, mais ils avaient besoin d'un peu plus de temps avant de découvrir le niveau national, qui est très dur. Rafa l'a très bien compris et lorsqu'on a senti qu'il était prêt, on n'a pas hésité une seconde. C'est comme ça qu'il a rejoint début janvier le groupe des U17 Nationaux. »

Rafa apprend vite et se met rapidement au diapason de ses coéquipiers. Son gabarit est évidemment un énorme avantage et sa vision du jeu son atout principal. En quelques semaines, il a conquis son entraîneur, Dominique Bijotat, ancien international dans les années 1980 et champion olympique en 1984. « En arrivant dans cette équipe à fort potentiel, il aurait pu avoir tendance à surjouer, mais pas du tout ! atteste Mathieu Duconseil. Alors que certains en rajoutaient pour se montrer, lui faisait toujours des choses très simples. Il dégageait une telle assurance que cela faisait du bien à toute l'équipe. Il ne doutait quasiment jamais... »

L'ancien joueur de L'AS Hellemmes participe ainsi à la très belle fin de saison du Racing Club de Lens. Au mois de juin, il passe même tout près d'un premier titre de champion de France U17 : en finale, sur le terrain du Canet-en-Roussillon dans les Pyrénées-Orientales, les Nordistes sont battus sévèrement 3-0 par l'Olympique de Marseille. Une contre-performance qui vient à peine ternir sa formidable seconde partie de saison : « Évidemment, il était touché comme nous tous, mais cela ne remettait pas en cause son incroyable progression, raconte l'un de ses anciens coéquipiers. En moins de six mois, il avait rattrapé le retard dû à sa longue indisponibilité et il faisait désormais partie des leaders de notre génération avec Geoffrey Kondogbia, Thorgan Hazard et Dylan Deligny. »

La saison 2009-2010 ne sera qu'une confirmation de sa formidable ascension en cours. Alors qu'il s'apprête à effectuer sa deuxième année en U17 Nationaux, il est très vite surclassé avec les U19 coachés par Éric Assadourian et Éric Sikora : « Son entraîneur Dominique Bijotat m'avait clairement fait comprendre que Rafa avait toutes les qualités pour évoluer au niveau supérieur. Et j'ai vite su pourquoi dès le premier entraînement », s'enthousiasme Éric Assadourian, désormais éducateur au centre de formation du Stade Brestois. « À 16 ans, Rafa dépassait 1,80 m et pouvait facilement rivaliser avec des joueurs âgés de deux ans de plus, mais il avait surtout une incroyable maturité dans son jeu. On avait l'impression qu'il avait déjà dix ans de professionnalisme derrière lui. »

Rafa prend vite ses habitudes dans le vestiaire numéro 4 de La Gaillette. Au milieu des joueurs nés en 1991 et 1992, il ne détonne pas, bien au contraire. Il s'affirme un peu plus à chaque séance dans « le Dôme », l'unique terrain en synthétique couvert du centre d'entraînement. Le duo Assad-Siko est intransigeant et n'hésite pas à faire passer ses messages quand il le faut. Cela tombe bien, Rafa a toujours cette soif d'apprendre : « Il avait cette capacité d'écoute qui lui a permis de s'imposer naturellement comme titulaire puis comme leader dans le jeu, poursuit son entraîneur en U19. Il avait l'assurance défensive qu'on lui connaît aujourd'hui, mais il était en plus capable de marquer et surtout de pénétrer entre les lignes pour faire des décalages. Cela avait notamment été le cas à Rennes, où l'on s'était imposés largement en championnat. Avant le match, l'entraîneur adversaire m'avait dit avoir meilleur que Rafa dans son équipe... À la fin de la rencontre, il avait changé d'avis. »

À la reprise, en janvier 2010, le jeune défenseur central découvre la Gambardella. Cette coupe nationale réservée aux moins de 19 ans est la plus prestigieuse compétition disputée en formation. La génération des 1993 est en force dans le groupe lensois. Alors qu'ils n'ont même pas 17 ans, Varane, Kondogbia, Hazard et Deligny font partie intégrante de l'équipe. Rafa participe, notamment le 3 février 2010, au 32e de finale contre Le Havre, où il livre un véritable combat aux côtés de Darnel Situ (ex-Swansea AFC) avec un succès 5-2 à la clé. L'aventure s'achèvera en huitièmes de finale par une courte défaite à Toulouse (1-0), mais les quatre représentants de la génération 1993 ont marqué des points...

« Le club commençait à peine à se remettre du départ prématuré de Gaël Kakuta, un grand espoir de la génération 1991 que Chelsea nous avait chipé deux ans plus tôt sans que l'on touche la moindre indemnité de transfert, explique Georges Tournay. Il n'était pas question que cela se reproduise avec ces futurs talents. Après avoir fait le point avec les entraîneurs, je suis allé voir le président Gervais Martel pour lui exprimer clairement la situation : "Président, si on ne propose pas rapidement un contrat à ces quatre joueurs, ils pourront partir librement en fin d'année et on sera 'chocolat blanc' ! Il faut : soit ajouter deux années stagiaires à leur contrat aspirant, soit leur proposer dès à présent un contrat professionnel de trois ans." Je peux vous dire qu'au départ, il m'a pris pour un fou ! Mais comme Gervais est très intelligent, il a vite compris que le club avait tout intérêt pour ses finances à éviter un nouveau couac et il a fini par me dire : "Banco pour le contrat pro !" »

Georges Tournay a désormais les mains libres et un peu de temps devant lui pour boucler ces quatre dossiers prioritaires.

Il convoque tour à tour les quatre familles dans les bureaux de La Gaillette pour exposer le projet imaginé par le club : « Un seul joueur est venu sans agent. C'était Raphaël Varane ! se souvient l'ancien directeur du centre de formation. Ses parents ne m'ont jamais parlé d'argent. Ils n'étaient d'ailleurs pas plus emballés que ça par cette proposition. Ils voulaient juste que leur fils poursuive ses études au lycée et réussisse son bac l'année suivante ! Mais pour moi, il n'était pas question de faire différemment. Pour Rafa, on devait faire comme pour les autres. »

À la fin du mois d'avril 2010, la cause est entendue. Un an après le défenseur de la génération 1992 Serge Aurier, le RC Lens confirme quatre nouveaux espoirs du club : un premier contrat professionnel de trois ans est proposé à Thorgan Hazard, Geoffrey Kondogbia, Dylan Deligny et Raphaël Varane. Une vraie preuve de confiance du RCL et un sacré cadeau d'anniversaire pour Rafa, qui vient de fêter ses 17 ans.

L'ancien de l'AS Hellemmes peut désormais espérer s'imposer un jour dans l'équipe fanion qui a retrouvé l'élite du championnat français.

Avant cela, il lui reste à achever la saison avec les moins de 19 ans. Son équipe a arraché sa qualification pour les phases finales du championnat de France en battant le Stade Malherbe de Caen lors de la dernière journée. Mais une nouvelle fois, Rafa repart déçu. À Orléans, les Lensois sont sortis dès les demi-finales par l'AS Monaco. Pour les récompenses, le néo-professionnel devra patienter encore un peu...

8
En portemanteau

Dimanche 7 novembre 2010. Les haut-parleurs du stade Félix-Bollaert crachent la composition de l'équipe sang et or : « Supporters lensois, voici le onze de départ aligné cet après-midi face à Montpellier par votre entraîneur, Jean-Guy Wallemme ! Numéro 1 et gardien de but, Vedran Runje... Numéro 3, Serge Aurier... Numéro 6, Henri Bedimo... Numéro 24, Éric Chelle... Numéro 34, c'est sa première apparition en championnat de Ligue 1, Raphaël Varane... »

Dans un coin de la tribune réservée aux salariés du club, Georges Tournay ne fait pas le malin. À seulement 17 ans, son poulain s'apprête à faire ses grands débuts chez les professionnels : « Pour tout vous dire, j'étais très sceptique lorsque l'on m'a annoncé la nouvelle », reconnaît l'ancien directeur de l'académie lensoise. « C'était mon rôle de formateur de protéger les jeunes joueurs. Je ne voulais pas griller Rafa en le lançant trop tôt dans le grand bain... »

Il faut dire que tout s'est accéléré pour le jeune défenseur depuis le coup d'envoi de la saison 2010-2011. Raphaël Varane a tout d'abord connu ses deux premières sélections en équipe de France U18 à la fin du mois d'août. Une franche réussite puisqu'il a participé aux deux succès des Bleuets au Danemark et a même marqué un but de la tête lors du premier match remporté 2-0 au Farum Park. « Cela fait beaucoup d'émotions pour une première sélection ! raconte-t-il au site officiel lors de son retour au club. Tous mes coéquipiers étaient contents pour moi. Mon objectif est maintenant d'être appelé régulièrement sous le maillot bleu, de m'installer dans ce groupe. »

Tout fonctionne à merveille également au RC Lens. Rafa est exempté d'une seconde saison en U19 et promu dès la reprise avec l'équipe réserve dirigée par son ancien entraîneur en U17, Dominique Bijotat. Il va ainsi pouvoir découvrir le championnat de France amateur et se mesurer pour la première fois à des seniors : « C'est vraiment là que l'on peut évaluer les joueurs, assure Georges Tournay. C'est en CFA [National 2, aujourd'hui] qu'on voit si un gamin est capable de tenir la route face à des hommes et de faire ensuite une carrière chez les professionnels. »

Apparemment, Rafa semble avoir de beaux jours devant lui… « Dès le premier match de championnat face à Drancy, il a été impressionnant, rapporte l'un de ses anciens partenaires. Il répondait déjà présent dans les duels et sa science du jeu était un véritable atout. Du coup, il s'est vite imposé et le coach lui a donné le brassard de capitaine. »

« En ce début de saison, il marchait sur l'eau », confirme Marc Westerloppe, ancien cadre de la formation lensoise. « Son potentiel avait augmenté de 30 à 40 % en quelques mois. Ses muscles s'étaient développés et son corps s'était complètement métamorphosé. Je me souviens d'ailleurs d'un match mi-septembre en région parisienne face à l'Entente Sannois-Saint-Gratien. Il s'était retrouvé au marquage d'un attaquant expérimenté, très puissant et particulièrement costaud. Un adversaire de ce calibre aurait pu impressionner plus d'un jeune joueur, mais pas lui. L'attaquant adverse n'a quasiment pas touché un ballon. Rafa l'a mangé ! »

Lors de cette 6e journée de CFA, les Lensois l'emportent 2 buts à 1 et confirment grâce à ce quatrième succès leur impressionnant début de saison. Dans les tribunes du stade Michel-Hidalgo de Saint-Gratien, plusieurs recruteurs ont assisté à la solide prestation des Nordistes et quasiment tous ont apprécié la performance du jeune capitaine sang et or. « Ce match a été un tournant pour Rafa, sans doute un déclic, affirme Westerloppe. Des clubs français et étrangers ont découvert son formidable potentiel et ont commencé à le suivre. C'est aussi après ce match-là que son nom a été soufflé à l'entraîneur de l'équipe première, Jean-Guy Wallemme. »

Ça tombe bien. Le Racing Club de Lens connaît de gros soucis défensifs depuis le début de la saison de Ligue 1. « Il y avait en effet un grand vide dans ce secteur », souligne Stéphane Carpentier, journaliste chevronné à *La Voix du Nord*. « Le club n'avait pas recruté après le départ de Romain Sartre et ne comptait plus que deux défenseurs centraux d'expérience dans son effectif, Éric Chelle et Alaeddine Yahia. C'était insuffisant pour tenir toute une saison au plus haut niveau, d'autant que, dès les premières journées, le RCL avait subi de lourdes défaites et encaissé pas mal de buts. Wallemme avait bien quelques idées en tête, comme repositionner les milieux de terrain, Adil Hermach ou Yohan Demont. Mais, quand il a tenté l'expérience avec Demont, cela n'a pas été une franche réussite. Du coup, il n'avait pas d'autre choix que de s'appuyer à court terme sur les espoirs du club… »

Parmi la jeune garde, Jean-Guy Wallemme a trois néo-professionnels à sa disposition : Alassane Touré, 21 ans, venu de Toulouse la saison précédente, Darnel Situ, 18 ans, international français U19, et le benjamin de la bande, Raphaël Varane, dont les responsables de la formation ne cessent de vanter les mérites. « À partir du mois de septembre, Rafa a commencé à venir participer régulièrement aux séances d'entraînement avec les professionnels, explique un ancien membre du club. Il n'était pas encore le premier choix de Wallemme mais, à chaque séance, il marquait des points et le week-end, il continuait de faire des gros matchs avec l'équipe réserve. Wallemme n'a pas résisté longtemps… »

Ses débuts en championnat de France se précisent à partir du mois d'octobre 2010 avec les absences à répétition des deux titulaires Éric Chelle et Alaeddine Yahia. Désormais, chaque semaine, les observateurs se font l'écho de l'arrivée imminente de Rafa en équipe première : « Bientôt une charnière Yahia-Varane ? » s'interroge la presse locale après une nouvelle brillante prestation du jeune défenseur face à Compiègne en CFA. Apparemment oui... Le 17 octobre 2010, son nom est couché pour la première fois sur une feuille de match professionnelle lors de la 9e journée de Ligue 1, mais il reste sur le banc des remplaçants lors d'un nul 0-0 face au Stade Rennais. Cinq jours plus tard, face à Nice, il est à nouveau retenu dans le groupe, mais fait partie des deux joueurs finalement envoyés en tribunes. Le 30 octobre, le grand espoir de la formation lensoise est convié cette fois à son premier déplacement avec le groupe professionnel lors d'un nul (1-1) à Toulouse. Mais comme face à Rennes, il se contente de participer à l'échauffement. Une mise en bouche avant la 12e journée du championnat de France de Ligue 1...

« Début novembre, l'équipe n'était pas au mieux avant de recevoir Montpellier, raconte Georges Tournay. Après 11 matchs, on pointait à la 19e place avec déjà cinq défaites et la plus mauvaise défense du championnat. Et pour compliquer le tout, notre arrière-garde était décimée : Chelle et Hermach étaient diminués, Situ était forfait et Yahia suspendu. Cela faisait beaucoup pour un secteur de jeu déjà très peu garni et la marge de manœuvre était faible. Pendant la semaine, le staff a testé Rafa à l'entraînement et c'est Daniel Leclercq, le directeur technique, qui est venu m'annoncer la nouvelle la veille de la rencontre : “Rafa va jouer demain”, m'a-t-il glissé calmement. Il semblait serein ; moi, j'étais dans mes petits souliers... »

Jean-Guy Wallemme se fait lui aussi beaucoup moins de soucis que le directeur du centre de formation. Il a une rencontre importante à préparer et surtout un match à gagner face à une équipe montpelliéraine 8e au classement. L'entraîneur lensois a aussi en tête l'exemple de Serge Aurier, lancé en décembre 2009, quelques jours avant ses 18 ans, et qui donne depuis entière satisfaction au poste de latéral : « J'avais dit aux dirigeants : "À quoi ça sert d'investir dans La Gaillette si c'est pour ne pas faire jouer les jeunes ?" » assure Wallemme dans un entretien accordé à *La Voix du Nord* en 2018. « Je connaissais bien Raphaël, je l'avais vu jouer plusieurs fois avec nos équipes de jeunes. »

Et voilà comment Rafa se retrouve lancé dans l'arène le 6 novembre 2010. Avec ses longues tresses parfaitement ordonnées et son mètre quatre-vingt-onze, on ne voit quasiment que lui lorsque les deux équipes déboulent sur la pelouse pour se présenter face au kop sang et or. Les écharpes sont tendues vers le ciel comme pour lui souhaiter la bienvenue. Depuis l'annonce de sa titularisation, Éric Chelle l'a pris sous son aile. L'expérimenté défenseur de 32 ans n'a cessé de lui parler, de l'encourager et ne l'a pas lâché une seconde lors de l'échauffement. À 17 ans, Rafa s'apprête à basculer dans un autre monde… Fini le cadre feutré du stade Léo-Lagrange où se produisent les équipes de l'académie lensoise, place désormais à Félix-Bollaert, l'une des plus belles ambiances du championnat de France : « Il était flegmatique », lance Wallemme comme pour justifier la confiance accordée à l'adolescent. « Après, garder ce calme devant 35 000 spectateurs, c'est autre chose. J'ai connu ça, au même poste. Quand, sur vos premiers ballons, vous entendez le murmure curieux de la foule… »

La ferveur accompagnant le coup d'envoi de la rencontre résonne aux quatre coins du stade et permet à Rafa de se lancer enfin dans son match. Face à lui se présente un adversaire de taille, un futur partenaire de l'équipe de France… Olivier Giroud. « Je l'avais aussi titularisé par rapport au profil des attaquants de Montpellier, précise Wallemme. En face, c'était Olivier Giroud et je savais que Rafa était déjà très bon dans les airs. »

Bonne nouvelle, Rafa n'a pas le temps de gamberger : les Lensois sont dans leur match et mènent rapidement au score sur un splendide coup franc d'Adil Hermach. « Ce but a sans doute aidé Raphaël Varane à mieux appréhender la suite de la rencontre et son duel face à Giroud », avance Stéphane Carpentier qui, de la tribune de presse, ne perd pas une miette de la prestation du jeune défenseur. « Il ne semblait pas déstabilisé du tout. On avait même l'impression qu'il avait déjà de la bouteille et jouait depuis très longtemps dans l'équipe. Tout ce qu'il faisait était propre techniquement et exécuté calmement. Il lisait bien le jeu, ses relances étaient nickel. Bref, le défenseur que tu veux avoir dans ton équipe… »

Rafa est en effet au rendez-vous de sa première en professionnel : sobre, efficace et même spectaculaire sur un geste de classe mondiale au sortir du premier quart d'heure… Alors qu'Olivier Giroud est alerté en profondeur sur un long ballon dans le dos de la défense nordiste, Rafa est cette fois un peu court pour intervenir de la tête. Mais il se rattrape merveilleusement bien en récupérant le ballon, d'un contrôle en l'air du bout du pied droit avec la jambe en extension. Il vient de réaliser le fameux contrôle en portemanteau, celui dont Zinédine Zidane avait fait sa marque de fabrique quelques années plus tôt. « C'est un geste très compliqué, assure Stéphane Carpentier. Quand il est parfaitement réussi, le ballon "s'accroche" au pied du joueur comme un vêtement à un portemanteau. »

En tribunes, Georges Tournay est, comme les 30 000 spectateurs de Bollaert, littéralement ébahi par la classe et le culot de son joueur : « Quand il a réalisé cette intervention, dit-il, toute mon appréhension d'avant-match s'est évaporée immédiatement. Je me suis dit qu'il ne pouvait plus rien lui arriver et que sa carrière était lancée… »

Le Racing Club de Lens s'impose au final 2-0 après un second but d'Akalé en fin de première période. La charnière expérimentale Chelle-Varane a tenu bon et montré une belle complémentarité. À l'issue de la rencontre, dans les salons du stade Bollaert, l'ambiance est au soulagement chez les cadres du club. Wallemme, Tournay et Daniel Leclerq se congratulent chaleureusement et échangent sur la première réussie du « petit ». Ils sont rapidement rejoints par le président Gervais Martel : « C'était le plus heureux d'entre nous, confie l'ancien directeur de l'académie. Il était tellement fier de voir ce jeune sorti du centre réaliser une telle partie… »

Deux étages plus bas, dans les couloirs des vestiaires, les journalistes sont tout aussi unanimes pour saluer la prestation du nouveau venu : « On avait été marqués par son culot et on avait bien envie de savoir comment il avait vécu ce premier match. Et il ne s'est pas débiné », se souvient Stéphane Carpentier. Rafa ne semble en effet pas du tout impressionné par les micros et les caméras qui se braquent sur lui pour recueillir ses impressions : « Rafa, comment avez-vous vécu votre première en professionnel ? » lui demande en ouverture un journaliste de la presse écrite. « Très bien, répond l'adolescent tout sourire. C'est une superbe première pour moi. Personnellement, je ne me suis pas mis trop de pression. J'ai été bien encadré et on m'a surtout dit de faire ce que je savais faire. » « Cela vous donne-t-il envie de rester dans l'équipe ? », enchaîne un journaliste reporter d'images dissimulé derrière sa caméra. « J'ai prouvé qu'on pouvait faire appel à moi si le besoin s'en faisait ressentir. Mais j'ai encore tellement de choses à apprendre. Le plus important, à mon âge, c'est de progresser », déclare Raphaël Varane avec sagesse.

Le grand défenseur peut reprendre son sac et laisser derrière lui la dizaine de journalistes. À l'image de son match, sa première interview a fait belle impression. Un discours humble et déjà tellement mature et professionnel. Du Rafa tout craché !

9

Comme un grand

« Alors les gars, vous l'avez trouvé comment, Varane ?

— Franchement, pas mal du tout... Il a déjà une sacrée assurance. Et surtout qu'est-ce qu'il est vif ! Il mange tout le monde en vitesse...

— Et toi, t'en penses quoi ?

— Ouais, il se débrouille bien... Après, on en fait peut-être un peu trop sur lui. Dire que c'est le nouveau Laurent Blanc, c'est quand même un peu exagéré, non ? »

La scène, à peine romancée, se passe dans l'avion qui ramène le groupe lensois d'un long déplacement dans l'ouest de la France. En cette fin d'année 2010, Rafa vient de participer à un nouveau match avec l'équipe professionnelle. Et malgré une large défaite du Racing, le jeune défenseur de 17 ans a encore impressionné les observateurs. Et ce n'est pas forcément du goût de tous ses coéquipiers...

« Lorsqu'un jeune joueur débarque dans un groupe professionnel, les réactions des anciens sont quasiment toujours les mêmes, explique un ancien du Racing Club de Lens. S'il est moyen, ils vont vous dire qu'ils le trouvent pas mal du tout car il ne risque pas de leur faire de l'ombre. En revanche, s'il est bon, ils vont commencer à prendre peur pour leur place et ils vont glisser quelques réflexions du genre qu'il arrive un peu trop vite en professionnel ou qu'il est peut-être encore un peu tendre pour le haut niveau. Ça s'est passé comme ça pour Rafa : sur les deux joueurs que j'ai interrogés un jour, l'un m'a dit que c'était un phénomène et un futur grand joueur. L'autre, qui avait compris qu'il allait lui prendre sa place, était curieusement beaucoup plus mesuré… »

Après la première réussie face à Montpellier, Raphaël Varane ne quitte quasiment plus le groupe professionnel. Jusqu'à la trêve de Noël, il participe à trois nouvelles rencontres de Ligue 1, face à Brest, Lorient et aux Girondins de Bordeaux, où les Lensois ramènent un précieux match nul 2-2 qui leur permet de sortir enfin de la zone de relégation. « Dans un contexte difficile, le gamin rendait des copies très propres, se souvient un témoin de l'époque. Ce n'est jamais facile pour un jeune joueur de débuter en professionnel lorsqu'une équipe ne tourne pas très bien. Rafa arrivait à faire la part des choses et restait dans sa bulle. Et il lui a encore fallu être costaud mentalement lorsqu'en début d'année Jean-Guy Wallemme, l'entraîneur qui venait de le lancer, a été remplacé. »

Le 2 janvier 2011, le Roumain László Bölöni est nommé à la tête de l'équipe nordiste avec pour mission de maintenir le club en première division. Georges Tournay intègre le nouveau staff au poste d'entraîneur adjoint : « Les parents de Rafa étaient inquiets par tous ces bouleversements, mais je les ai vite rassurés. Je connaissais bien Bölöni, qui avait une belle carte de visite après ses passages au Sporting Portugal, au Standard de Liège et dans les clubs français de Nancy, Rennes ou encore Monaco. À son arrivée, je l'ai briefé sur l'importance de continuer à faire confiance à notre jeune défenseur central et il m'a écouté. »

Rafa est ainsi titulaire le 5 janvier lors d'un amical face au Borussia Dortmund qui sert de revue d'effectif au nouvel entraîneur. Et sa prestation semble plaire au technicien roumain puisqu'il enchaîne les rencontres : il est sur le terrain face au PSG en Coupe de France, puis il aligne quatre nouvelles rencontres de championnat de Ligue 1 marquées par deux succès d'affilée, sur l'AS Saint-Étienne et Caen : « Il y avait clairement une place à prendre, car beaucoup de défenseurs étaient absents en ce début d'année : Éric Chelle était à court de forme et Alaeddine Yahia était suspendu. Bölöni avait du coup décidé de relancer Franck Queudrue et l'association avec Varane fonctionnait plutôt bien », se souvient le journaliste Stéphane Carpentier.

Rafa est en passe de faire son trou en défense centrale. Début février, il est même appelé pour la première fois en équipe de France Espoirs. Le sélectionneur, Erick Mombaerts, décide de le surclasser à l'occasion d'un match amical face à la Slovaquie.

« Tout le monde s'accordait à dire qu'il était impressionnant, reprend Georges Tournay. Pourtant, il a fallu rebattre les cartes mi-février lors du déplacement au Parc des Princes. Il y avait de fortes personnalités dans le groupe et le vestiaire n'était pas loin d'imploser. Certains défenseurs ne supportaient plus de passer après un gamin et le gardien de but, Vedran Runje, ne voulait pas entendre parler des jeunes. Alors, pour protéger Rafa, on lui a trouvé un autre poste... »

Georges Tournay convainc Bölöni de « faire monter » Rafa en milieu de terrain défensif : « Durant sa formation, il avait déjà évolué un peu plus haut sur le terrain, dit-il. Je l'avais même fait jouer numéro 10 un jour où j'avais pris l'équipe U17 lors d'un tournoi à Croix. Il avait été impeccable et avait marqué un but magnifique. Il n'y avait donc aucune raison de s'inquiéter. Il avait toutes les qualités pour y arriver. Et dès le premier match, il s'est baladé... »

Le 12 février 2011, le Racing Club de Lens tient tête au Paris Saint-Germain lors de la 23e journée et ramène un nul précieux (0-0) de son déplacement dans la capitale. Au milieu de terrain, Rafa a fait le ménage et a « croqué » dans tous les ballons. « J'ai vu un gros match de Varane, lequel ne jouait pourtant pas à son poste », relève Gervais Martel à l'issue de la rencontre. Comme tous les suiveurs du RCL, le président est impressionné par la facilité d'adaptation de la nouvelle pépite venue de La Gaillette. Deux journées plus tard, c'est au tour du nouvel entraîneur de louer sa polyvalence, malgré un revers 2-0 à Rennes qui repousse les Nordistes à la 19e place du classement : « Malgré le résultat, je tiens à féliciter Varane, auteur d'un très très grand match... » déclare Bölöni en conférence de presse.

Plus personne n'ose désormais remettre en cause le talent du gamin. Même dans le vestiaire, Rafa semble faire l'unanimité auprès des anciens : « C'est un phénomène, ce petit, il peut jouer à tous les postes ! » assure son nouveau partenaire du milieu de terrain, le Marocain Adil Hermach. « Raphaël a tout. La vitesse et le gabarit... Et déjà une incroyable assurance », note de son côté le défenseur central tunisien Alaeddine Yahia. Éric Chelle, qui l'a accompagné lors de ses débuts professionnels face à Montpellier, est surtout frappé par son incroyable maturité : « On a l'impression qu'il a déjà derrière lui 500 matchs de Ligue 1. »

Lors de cette seconde partie de saison, Rafa gagne quasiment à tous les coups. Même lorsqu'il est suspendu, le jeune défenseur marque des points, comme à Toulouse, le 12 mars, où plusieurs cadres passent encore au travers d'une rencontre perdue 1-0. La semaine suivante, son retour aux affaires change le visage de l'équipe lensoise qui l'emporte 4-1 à Montpellier. Sa prestation est saluée par le titre d'« homme du match » et assortie de nouveaux commentaires élogieux : « Varane, l'indispensable », titre le blog rclensois.fr en détaillant ses immenses qualités : « Sa vitesse, son jeu de passes et sa technique performante font de lui un joueur extrêmement complet et polyvalent, étonnamment capable d'évoluer au milieu de terrain, où ses prestations déconcertantes de justesse ont été saluées par tous les observateurs. »

« Ce qui est paradoxal à ce moment de la saison, note le journaliste Stéphane Carpentier, c'est que plus l'équipe s'enfonçait dans ses doutes et les profondeurs du classement, plus il prenait de l'importance et s'affirmait comme un leader sur le terrain. » Rafa n'a plus besoin de se cacher derrière son jeune âge et son inexpérience. Il est devenu un élément indispensable du onze lensois et ses prises de parole sont respectées : « Évidemment que pour une première saison à ce niveau, j'aurais aimé connaître autre chose, mais il faut mettre de côté l'extrasportif et se concentrer sur le terrain », lance-t-il au micro d'Eurosport à l'issue de la victoire à Montpellier. « Gervais Martel veut que l'on ne lâche rien. Je ne vois pas Lens en Ligue 2. »

Malgré toute la bonne volonté de l'international espoir, ce succès face à Montpellier restera pourtant sans suite, avec au mois d'avril une longue série de contre-performances poussant inexorablement le Racing Club de Lens vers la descente en Ligue 2 : défaites face à Marseille, Lyon et Lorient et matchs nuls face à Brest et Auxerre où, la veille de fêter ses 18 ans, le nouveau chouchou du stade Bollaert réintègre la défense centrale. « Il était quasiment le meilleur chaque fois, mais il ne pouvait pas sauver le club à lui tout seul », assure Georges Tournay.

Au moment d'attaquer la dernière ligne droite, début mai, le RC Lens est quasiment déjà condamné : avec 8 points de retard sur le 18ᵉ, l'AS Nancy-Lorraine, il faudrait bien plus qu'un miracle lors des cinq dernières journées pour sauver les Nordistes de la descente. Mais Rafa ne lâche pas et s'accroche à l'infime espoir qui subsiste. Le 7 mai, face à Caen, il inscrit son premier but en professionnel : à la 37e minute, il reprend de la tête un centre de Queudrue pour signer l'égalisation sur la pelouse du stade Michel-d'Ornano (1-1). « Je suis heureux de ce premier but de la tête. Ça fait toujours plaisir, mais c'est pour un nul, alors je suis déçu... » regrette-t-il.

La déception de Rafa se transforme même en colère huit jours plus tard, à l'issue de la 36e journée de Ligue 1. Sur la pelouse du stade Louis-II de Monaco, il marque un nouveau but de la tête à la 94e minute en prolongeant cette fois-ci un corner d'Eduardo. Le match nul (1-1) s'avère malheureusement insuffisant : ce 15 mai 2011, le RC Lens est relégué officiellement en Ligue 2. « L'état d'esprit était bon, mais ça n'a pas suffi. De toute façon, c'est sur l'ensemble de la saison qu'on descend », déplore-t-il avant d'avoir une pensée pour les fans sang et or. « Je suis vraiment déçu pour les supporters. Ils ont toujours été derrière nous. On ne mérite pas ce public ! »

Malgré l'ambiance délétère qui règne alors dans l'équipe, Rafa va parvenir à finir la saison en beauté. À seulement 18 ans, il est nommé capitaine pour les deux derniers matchs face à l'AC Arles-Avignon et l'AS Nancy-Lorraine : « C'était un geste fort, observe un proche de l'équipe. Cela voulait dire tellement de choses : c'était à la fois un désaveu pour tous les anciens qui avaient plombé le groupe tout au long de la saison et qui ne lui avaient fait aucun cadeau. C'était aussi une manière de le remercier pour son incroyable saison et d'en faire l'étendard de cette nouvelle génération prête à prendre le relais. Avec Rafa, mais aussi Kondogbia, Aurier, Thorgan Hazard et quelques autres, le RC Lens avait les moyens de reconstruire une belle équipe et d'être confiant pour l'avenir. » À condition, bien entendu, d'être en mesure de conserver ses jeunes talents…

10

« Allô, Zizou ? »

Rafa tient son premier trophée. En ce mois de mai 2011, le jeune défenseur est à l'honneur dans les salons du Racing Club de Lens. Il est même la star de la soirée des « Gaillettes d'or », qui récompensent chaque année les meilleurs éléments de la formation. Devant ses éducateurs, ses parents et quelques partenaires, Rafa reçoit le trophée Éric-Sikora du meilleur jeune de l'académie pour la saison 2010-2011.

Évidemment, pour les quelques médias présents, l'occasion est belle d'en savoir un peu plus sur la révélation du club. Gaston Varane est vite sollicité : « Je dois reconnaître que je n'ai pas eu trop à m'en faire avec Raphaël », explique le père du joueur au journaliste de *La Voix du Nord*. « Je connaissais son potentiel, ses coachs nous confirmaient ce sentiment, mais je ne pensais pas que cela irait aussi vite. Je n'en reviens toujours pas, d'ailleurs. »

Son éclosion rapide en professionnel ne l'a pourtant pas fait dévier de l'objectif prioritaire de l'année, à savoir décrocher son baccalauréat économique et social (ES). « Sa maman suit ça de près », assure Gaston Varane. D'ailleurs, à Lens, tout a été mis en œuvre pour que le défenseur de 18 ans parvienne à ses fins. Son arrivée fin novembre en Ligue 1 l'a contraint à délaisser ses copains de terminale et à s'éloigner un temps de sa petite amie (et future épouse), Camille Tytgat, qu'il a rencontrée un an plus tôt au lycée de Liévin. Il bénéficie alors au sein même de La Gaillette d'un enseignement personnalisé plus adapté à sa nouvelle vie : « Rafa a été parfaitement pris en main par la responsable pédagogique de l'époque, Sandrine Cardon, explique un administratif du RCL. Elle lui a concocté un emploi du temps sur mesure pour coller avec les six séances d'entraînements hebdomadaires, les temps de récupération et les matchs en club et en sélection. Il y a eu pas mal de bachotage pour privilégier les matières au coefficient le plus élevé. Le rythme était effréné et on a dû protéger Rafa de l'extérieur car sa réussite attisait la curiosité. On a tout fait pour limiter au maximum les interviews. »

Le journaliste de *La Voix du Nord* profite du coup de cette 10e édition des « Gaillettes d'or » pour poser toute une série de questions décalées à l'international espoir : on apprend ainsi que Rafa préfère Mohamed Ali à Michael Jordan – « Mon père l'aimait beaucoup, tout comme il apprécie la boxe » –, qu'il profite des déplacements avec l'équipe professionnelle pour jouer à « Mario Kart » sur Nintendo DS, qu'il apprécie les biographies de sportifs et qu'il a dévoré celle sur Lilian Thuram, qu'il est un piètre cuisinier ou encore que son film favori est *Steppin'*, un *teen movie* de 2007 mettant en scène un danseur de rue à Los Angeles.

En ce mois de mai 2011, le nom de Raphaël Varane figure déjà depuis un moment sur les tablettes d'un grand nombre de clubs européens. Le nouveau capitaine du Racing Club de Lens est même annoncé sur le départ alors que son club se dirige tout droit vers la Ligue 2 : « Je suis attaché au club, mais un transfert demeure envisageable », avance Rafa au journaliste lorsque ce dernier lui demande d'évoquer son avenir. « J'ai pour objectif de continuer ma progression. Je n'ai pas de priorité entre l'étranger, la Ligue 1 ou rester ici. Il y a simplement eu des prises de contact entre certains clubs et Lens. »

Les premières rumeurs d'un futur transfert sont apparues dès son baptême du feu en Ligue 1, le 7 novembre 2010 face à Montpellier. Le journaliste qui commente la rencontre sur Foot+ assure durant la retransmission que des dirigeants de Manchester United ont fait le déplacement dans le nord de la France pour superviser la pépite locale. L'information est reprise par de nombreux médias. Le Racing Club de Lens va devoir désormais faire face aux avances de nombreux clubs français et étrangers.

12 janvier 2011 : Manchester United, Chelsea FC et Arsenal FC

« Varane serait dans le viseur de Manchester United, Chelsea et Arsenal qui proposeraient 4 millions d'euros pour s'attacher ses services. Le président de Lens, Gervais Martel, refuse toute offre et souhaite conserver le joueur. » *(L'Équipe)*

1er février 2011 : Olympique Lyonnais

« L'OL suivrait de près le jeune défenseur, mais Lens veut prolonger de deux ans son international espoir. » (RMC Sport)

26 février 2011 : Stade Rennais

« Le club breton serait intéressé à son tour par le profil de Varane pour renforcer son secteur défensif la saison prochaine. » *(La Voix du Nord)*

3 mars 2011 : Paris Saint-Germain

« Déjà suivi par de gros clubs anglais en début de saison, et dernièrement évoqué sur les tablettes du Stade Rennais, le jeune défenseur serait désormais dans les petits papiers du PSG. » *(L'Équipe)*

16 mars 2011 : Lille

« Au tour du LOSC de se manifester. Le club de la ville de naissance de Varane l'aurait supervisé à plusieurs reprises dernièrement. » (espoirsdufootball.com)

5 avril 2011 : Bayern Munich

« Outre Gilles Grimandi pour Arsenal, Willy Sagnol pour le Bayern Munich était présent dimanche dans les tribunes du Stade-Vélodrome de Marseille pour observer le nouveau phénomène lensois. » *(La Voix du Nord)*

29 avril 2011 : AS Rome

« La Roma espère le recrutement du joueur français pour remplacer Philippe Mexès qui quittera le club cet été. » *(Gazzetta dello Sport)*

Manchester United, Chelsea, Arsenal, Lyon, Rennes, Paris Saint-Germain, Lille, Bayern Munich ou encore l'AS Rome... La liste s'allonge au fil des semaines et des prestations remarquées de Rafa en professionnel. Le Racing Club de Lens comprend alors qu'il lui sera bien difficile de conserver sa pépite une saison supplémentaire. Pourtant, Gervais Martel s'active : le 3 février 2011, le président prolonge de deux ans le contrat de son jeune joueur jusqu'en juin 2015. Dans la foulée, Rafa joue l'apaisement : « C'est toujours tentant de partir. Mais partir pour quoi faire ? Moi, je veux jouer. Ici, je joue. J'ai du temps de jeu. Partir ne fait pas partie de mon plan de carrière. Changer, il faut le faire au bon moment. Et, pour être suffisamment armé à aller voir ailleurs, il faut gagner en expérience. »

Mais cela ne suffit pas à calmer l'intérêt des nombreux prétendants. Au fil des journées et de la descente programmée du Racing Club de Lens en L2, les propositions se font de plus en plus précises. « À partir du moment où le club était rétrogradé, on savait qu'il nous serait impossible de conserver Rafa une saison de plus. Son transfert était vital pour le club et allait sans doute éviter un plan social », explique l'ancien directeur général adjoint, Didier Roudet. « Plusieurs clubs français étaient sur les rangs, notamment le PSG. Mais le club de la capitale venait à peine d'être repris par les Qataris et le projet était encore trop flou. Alors, dès la fin du championnat, trois clubs étrangers se sont très vite dégagés : deux anglais, Manchester United et Manchester City, et un espagnol, le Real Madrid. »

Concernant Manchester United, ce n'est évidemment pas une surprise. Les Red Devils se sont positionnés très tôt dans la saison et l'entraîneur, sir Alex Fergurson, se serait même déplacé en personne dans la banlieue lilloise pour essayer de convaincre le joueur et ses parents d'opter pour son équipe. Les noms des deux autres prétendants n'avaient en revanche pas encore forcément filtré. Pourtant, Manchester City et le Real Madrid ont des arguments à faire valoir dans ce dossier. « C'était du lourd, même du très lourd, reprend Didier Roudet. On a donc conseillé aux parents de Rafa de se faire désormais accompagner d'un agent, car ce qui allait suivre risquait de les dépasser et les sommes en jeu s'annonçaient très élevées. Ils ont choisi de se faire représenter par Thierry Gras ; les négociations entre les trois parties ont alors pu débuter. »

À écouter les médias et notamment la presse spécialisée, ce sont d'abord les deux clubs de Manchester qui se lancent dans un duel acharné début juin. Selon *The Guardian*, United serait prêt à mettre de 9 à 10 millions d'euros sur la table, mais la force de frappe financière des Citizens semble bien supérieure.

« Oui, la proposition de City était la plus importante », confirme Didier Roudet, désormais directeur général adjoint du Stade Rennais. « Du coup, Manchester United a vite compris que ce serait compliqué de rivaliser et n'est pas allé plus loin. Manchester City s'est retrouvé seul face au Real Madrid. »

Le club espagnol a joué finement le coup en se déclarant au dernier moment et en manœuvrant habilement en coulisse par l'intermédiaire du conseiller du président, Zinédine Zidane. « On sortait d'une défaite 4-0 à Nancy le 29 mai lors de la dernière journée de championnat et Rafa devait passer son bac le lundi suivant avec mon fils, se souvient Georges Tournay. Comme je me chargeais d'emmener les deux garçons à l'examen, sa mère est passée le lundi matin me le déposer à la maison. À peine avait-elle passé la porte qu'elle voulait absolument me parler d'une chose qui la tracassait. Et elle a fini par me raconter l'incroyable histoire qui s'était passée la veille : le dimanche, Zinédine Zidane avait appelé chez eux pour parler à son fils et lui expliquer le projet du Real Madrid. Et Rafa, qui préparait le bac, l'avait tout bonnement éconduit, en lui répondant un truc du genre : "Écoutez, monsieur Zidane, je passe mon bac demain, rappelez-moi s'il vous plaît dans une semaine !" Impensable. Quel autre joueur que Rafa aurait pu faire ça ? J'ai appelé dans la foulée le président Martel pour lui raconter ce qui s'était passé et qu'il prenne vite contact avec Zidane… »

Deux semaines plus tard, le 14 juin, Rafa est accueilli à Madrid par Zizou qui joue le guide lors de la visite des installations du club à Valdebebas. Le champion du monde 1998 n'est pas rancunier et a même été plutôt impressionné par l'attitude du jeune défenseur lensois. Raphaël Varane fait connaissance à cette occasion avec l'entraîneur José Mourinho. Le courant passe plutôt bien : « Le projet du Real Madrid semblait plus cohérent, poursuit Didier Roudet. Au départ on avait imaginé un transfert assorti d'un prêt d'une saison pour que Rafa nous aide à remonter en Ligue 1. Mais on a vite compris que le club espagnol comptait sur lui dès la saison suivante. Manchester City a bien essayé de contre-attaquer en faisant monter les enchères, mais cela n'a rien changé. La proposition madrilène était certes 20 à 25 % moins élevée, mais elle comportait des bonus aléatoires qui pouvaient faire grimper le montant du transfert. Grossièrement, plus Rafa jouerait et remporterait de titres avec le Real, plus le montant final du transfert serait élevé pour le RC Lens. Cela convenait à tout le monde, c'était du gagnant-gagnant. Et puis, un Lensois engagé par le Real Madrid, c'était la meilleure publicité possible pour notre centre de formation. »

Le 27 juin 2011, l'arrivée de Raphaël Varane au Real Madrid est officialisée. L'international espoir français s'engage pour six ans jusqu'en 2017. Le montant de l'opération s'élève à 10 millions d'euros hors bonus et, selon certaines sources, le joueur de 18 ans multiplie son salaire lensois par 12,5 pour toucher désormais 150 000 euros mensuels.

Le clap de fin d'une incroyable saison pour Rafa ? Pas tout à fait. Le 5 juillet, le nouveau joueur du Real Madrid devient officiellement bachelier. Les efforts consentis depuis de nombreuses années ont fini par payer. Le nouveau joueur du Real Madrid savoure, même s'il est un peu vexé. Le relevé de notes confirme qu'il n'a obtenu « que » la note de 19/20 à l'option football. Raison invoquée : oubli des protège-tibias !

11
Don Limpio

« Qu'est-ce qui a été le plus difficile : signer au Real Madrid ou passer le bac ? » Raphaël Varane rit, puis répond tranquillement : « C'est peut-être plus difficile de signer à Madrid parce qu'il y a moins de personnes qui peuvent jouer au Real que celles qui ont eu le bac cette année, non ? »

Nous sommes le 10 août 2011 et l'ancien Lensois, en stage à Clairefontaine avec l'équipe de France Espoirs, raconte sa nouvelle vie en maillot blanc dans les colonnes de *France Football* :

« Comment avez-vous réagi la première fois que tu as entendu parler de l'intérêt du Real ?

— C'était : waouh ! C'est quoi cette histoire ? Sérieux ? J'étais curieux de savoir ce que le Real avait en tête pour moi.

— Pourtant, Manchester United et le Paris Saint-Germain semblaient mieux placés pour vous recruter...

— En fait, avec le Real, ça s'est fait assez rapidement. Au départ, c'est vrai, il y avait un gros intérêt de Manchester. Mais dans ma tête, à la fin, il y avait un choix à faire entre Paris et le Real.

— Et qu'est-ce qui vous a décidé d'aller à Madrid ?

— Le choix a été assez simple car à Paris, ce n'était pas le coach qui me voulait, mais les nouveaux actionnaires. Si l'entraîneur était venu me voir en me disant : "Voilà mon projet pour toi", ma réflexion aurait été différente. Avec l'arrivée des Qataris, c'était un peu fouillis, ce n'était pas clair.

— José Mourinho a-t-il joué un rôle dans votre transfert ?

— Avant de signer, je suis allé le rencontrer à Madrid. Il m'a dit simplement : "Si tu viens, c'est pour faire partie entièrement du groupe et pas pour être prêté." Il a été très clair là-dessus. C'est rassurant, quand José Mourinho te dit ça.

— Au moment de prendre votre décision, vous étiez conscient de ce que représente le Real ?

— Peut-être pas complètement. Quand je suis arrivé à l'aéroport de Barajas, quelqu'un m'a dit : "Tu verras, il y a des journalistes, mais ne t'inquiète pas." Je suis sorti de l'avion et je me suis retrouvé devant soixante ou soixante-dix journalistes. À ce moment, je me suis dit : "OK, j'ai compris où je suis. Je suis au Real Madrid." »

Le conte de fées de Rafa au Real Madrid a débuté le 11 juillet 2011. Après la visite médicale, le jeune défenseur s'envole pour Los Angeles, première étape de la tournée estivale au cours de laquelle l'équipe voyagera aux États-Unis, en Allemagne, en Angleterre et en Chine, le tout en moins d'un mois. Outre Raphaël Varane, les nouvelles recrues du « Special One » s'appellent Fábio Coentrão, Nuri Șahin et José Callejón. Seul Hamit Altintop, qui récupère d'une opération à l'épaule, manque à l'appel. Le 12 juillet, Rafa effectue son premier entraînement sur le sol américain. Trois jours plus tard, l'enfant d'Hellemmes s'impose en première page du quotidien sportif madrilène *Marca* sous le titre « Varane étonne » : « En seulement cinq séances d'entraînement, le défenseur français impressionne par sa rapidité, son contrôle du ballon et sa puissance. »

Le 16 juillet, Mourinho lance sa deuxième saison à la tête du Real : un match amical au Memorial Coliseum face au Los Angeles Galaxy d'un ancien de la maison madrilène, David Beckham. Rafa fait ses grands débuts avec le numéro 19 : il entre en seconde période à la place de Ricardo Carvalho et prend place à la gauche d'Álvaro Arbeloa. À la fin de la rencontre (remportée 4-1 par le Real grâce à Callejón, Joselu, Cristiano et Benzema), José Mourinho se montre satisfait du niveau de l'équipe après seulement quatre jours d'entraînement. Même s'il n'aime pas parler des individualités, il souligne les bonnes prestations de Coentrão et Callejon, puis ajoute, au sujet de Varane : « Il n'a pas eu beaucoup à faire, mais il a joué avec une grande sécurité. C'est important que les nouveaux prouvent qu'ils ont les jambes pour cette nouvelle aventure. »

Si, contre l'équipe de Beckham, le « Niño Varane » (comme l'appelle Mourinho) n'a pas vraiment été sollicité, l'histoire est différente contre les Chivas, les Mexicains de Guadalajara, réputés pour leur jeu rugueux. Au Qualcomm Stadium de San Diego, le Français est titulaire dans l'axe avec Carvalho. Comme les latéraux – Arbeloa à droite et Marcelo à gauche – se ruent à l'attaque dès que possible, c'est à lui et au Portugais de fermer la porte. Ce qu'ils font bien. Très bien, même. Rafa fait preuve de sécurité, d'un timing redoutable dans ses interventions et d'une excellente détente. Il sort après quarante-cinq minutes du jeu sur un bilan plus que positif : quatre ballons récupérés, zéro faute commise et un beau coup de casque sur coup franc, meilleure occasion du Real dans cette première période. Ce Niño a déjà tout d'un homme, estime la presse ibérique. Les journaux révèlent qu'en conférence Mourinho a raconté que Raphaël Varane s'était aussi proposé pour jouer au milieu de terrain, si le besoin s'en faisait sentir, comme il l'avait déjà fait à Lens.

Le 24 août, le XXXIIIe Trophée Santiago-Bernabéu est l'occasion pour Rafa et les autres recrues de se présenter devant le public madrilène. Le Français arrive à Chamartín avec déjà de longues minutes de jeu dans les jambes : 418 pour être précis ! Seuls Benzema (436) et Coentrão (422) ont joué plus que lui durant la tournée estivale. Parmi les défenseurs centraux, il a été plus utilisé que Pepe, Carvalho et Albiol, son concurrent direct au poste de troisième défenseur. Cela dit, Rafa n'a pas disputé la Supercoupe d'Espagne contre Barcelone et a suivi la rencontre depuis le banc. Les Socios sont curieux de voir le jeune homme en action. Pour le match de gala contre les Turcs de Galatasaray, l'ancien Lensois est aligné d'entrée et dispute toute la première mi-temps avant d'être remplacé par Albiol à

Raphaël Varane, lors de sa formation au Centre technique et sportif de La Gaillette en 2010.

Varane n'évolue qu'une seule saison en professionnel avec le Racing Club de Lens (2010-2011).

► Il rejoint en 2011 le Real Madrid et affronte les plus grands : ici, au duel avec Lionel Messi lors d'un Real Madrid-FC Barcelone en quart de finale de la Coupe du roi en 2013.

◄ Varane a alors pour entraîneur l'une des plus grandes légendes du football français : Zinédine Zidane.

▼ Le 19 septembre 2018, lors d'un match de Ligue des Champions remporté 3-0 à Madrid face à l'AS Roma d'Edin Dzeko.

dispute 15 matchs avec les
spoirs entre février 2011 et
ctobre 2012.

◄ En mars 2013, il est retenu pour la première fois par Didier Deschamps et participe avec les Bleus à la Coupe du monde 2014 au Brésil.

ors du quart de finale de
Coupe du monde 2014,
arane perd un duel
érien face à Hummels qui
arque et offre la victoire
l'Allemagne. Il se vengera
uatre ans plus tard...

▲ Le 6 juillet 2018, Rafa ouvre le score de la tête face à l'Uruguay lors des quarts de finale de la Coupe du monde en Russie.

▲ Moscou, 15 juillet 2018 : Raphaël Varane, entouré de ses coéquipiers, savoure le titre de champion du monde décroché face à la Croatie (4-2).

la pause. Une fois encore, son bilan est positif, d'autant que Los Blancos s'imposent 2-1. Mourinho est également à la fête : il est ovationné par ce public rancunier qui lui réitère sa confiance, malgré la défaite contre Messi and Co.

Pour la quatrième journée de Liga, le 21 septembre 2011, Madrid veut se remettre la tête à l'endroit après une défaite 1-0 sur le terrain de Levante. Mais les choses ne se passent pas pour le mieux dans l'antre du Racing de Santander. Le résultat final, un triste 0-0, témoigne du manque d'animation offensive de l'équipe : seulement deux tirs dans tout le match. Pire encore, l'occasion la plus franche est à mettre à l'actif du Racing : une violente frappe du gauche d'Óscar Serrano repoussée miraculeusement par Iker Casillas. Toutefois, tout n'est pas à jeter pour les Merengues : Raphaël Varane dispute son premier match en compétition officielle. Malgré l'absence de Pepe, José Mourinho choisit de laisser Sergio Ramos au repos et d'aligner le jeune défenseur central, qui s'en tire parfaitement. Il joue déjà comme un vétéran : il est toujours en place, rapide, solide dans les duels et précis dans ses relances. Le technicien portugais semble conquis et lui offre une nouvelle place de titulaire trois jours plus tard, lors du derby madrilène contre le Rayo Vallecano. Si le match commence mal, il se finit toutefois au mieux pour la Maison blanche. En effet, il ne faut que 15 secondes pour que Michu donne l'avantage au Rayo, mais la rencontre s'achève sur un score de tennis : 6-2. Et Raphaël Varane, du haut de ses 18 ans et 152 jours, devient le joueur étranger le plus jeune à marquer sous le maillot du Real. À la 66e,

Mesut Özil tire un corner de la droite. Rafa s'envole plus haut que tous les défenseurs adverses, mais ne reprend pas le ballon de la tête : il le touche du talon et l'expédie sous la barre, avec un peu de réussite. C'est le but du 4-2 qui éteint toutes les velléités de remontée adverse. C'est aussi le plus beau de la soirée, une talonnade que les supporters n'oublieront pas de sitôt. Après ses débuts en Liga, puis son premier but, arrive l'heure de la Ligue des champions. Le 27 septembre, le Real reçoit l'Ajax Amsterdam au Bernabéu. Varane devient le troisième plus jeune titulaire du Real dans la plus grande compétition européenne de clubs, derrière les illustres Raúl González et Iker Casillas. Deux mois plus tard, pour son second match en C1, il offrira une passe décisive à José Callejón pour le cinquième but des siens. Tout va très vite pour le jeune joueur tricolore.

« Quand Zidane vous a appelé pour venir au Real Madrid, vous imaginiez jouer aussi vite en Ligue des champions ? » l'interroge *As*, l'autre quotidien sportif de Madrid. Il répond : « Je n'ai que 18 ans et je n'aurais jamais imaginé disputer des matchs aussi importants en tant que titulaire dans une équipe comme le Real. Il y a à peine un an, je jouais avec la réserve de Lens et je ne m'entraînais pas avec l'équipe première. Mais maintenant, c'est fait. Je peux seulement croiser les doigts en espérant que ça continue comme ça. Et bien sûr, travailler beaucoup. »

Raphaël est la nouvelle coqueluche de Madrid. En témoignent les interviews et les tribunes des différents observateurs, mais aussi les commentaires de son entraîneur, José Mourinho : « Varane possède la même intelligence, la même tranquillité, la même présence que Laurent Blanc sur un terrain. Mais, sauf le respect que je dois à Blanc, il est beaucoup plus rapide. » Le 30 septembre, *Marca* lui consacre une nouvelle fois sa « une » avec le titre « Don Limpio » (« Monsieur Propre »). Bien sûr, il y a une explication derrière ce surnom : « Varane s'est montré convaincant après deux cent soixante-dix minutes de jeu sans commettre la moindre faute. C'est un chiffre significatif pour un défenseur, surtout si l'on compare à Cristiano, qui compte déjà six fautes en championnat. » Selon les journalistes de *Marca*, cette statistique démontre la maturité du jeune défenseur central. Il ne subit pas la pression des grands matchs, n'a pas le trac de jouer dans un stade comme le Bernabéu, il excelle dans le jeu aérien, il sait anticiper les actions de ses adversaires et a un grand sens tactique. En trois rencontres, il a gratté 18 ballons et stoppé 14 attaques adverses. Et en plus, Rafa participe à la construction : il a contribué à 115 actions, a réussi 159 passes et n'en a manqué que 13. Pour ne rien gâcher, il est également présent dans la surface adverse, comme l'a montré son but contre le Rayo. En somme, le surnom de « Monsieur Propre » lui va comme un gant : il joue bien, ne commet pas de faute, et il ne proteste pas. D'ailleurs, il n'a pas reçu le moindre avertissement. Rafa est même fier de ce surnom qui résume bien son efficacité sur le rectangle vert et qui lui collera longtemps à la peau à Madrid. L'apprentissage de l'ancien Lensois se poursuit sur un rythme effréné, et pas seulement en Espagne : le 14 novembre, à Angers, il inscrit son premier but avec les Bleuets contre la Slovaquie.

Le 20 décembre, en seizièmes de finale de la Coupe du Roi contre Ponferradina, Raphaël double son total de buts avec le Real. À la 49e minute, le gardien de Ponfe, Orlando Quintana, dévie sur son poteau le coup franc de Granero tiré depuis l'entrée de la surface. Le numéro 19 est le premier à réagir et pousse le ballon au fond des filets.

Le 2 mai 2012, à San Mamés, le Real Madrid écrase l'Athletic Bilbao grâce aux réalisations d'Higuaín, Özil et de Cristiano Ronaldo. Avec deux journées d'avance, la Maison blanche est sacrée championne d'Espagne 2011-2012. Le 32e titre des Merengues est célébré comme il se doit, et la déesse Cybèle est remerciée. La fête se répète douze petits jours plus tard, au Bernabéu, en clôture du championnat. Los Blancos en passent quatre à Majorque et établissent un nouveau record : c'est la première fois qu'une équipe atteint la barre des 100 points en Liga. En 2010, le Barça s'était arrêté à 99. Une année record et un premier titre pour le jeune Français, débarqué l'été précédent dans la cour des grands. Et il n'a pas à pâlir de ses statistiques individuelles non plus : 15 matchs disputés, 9 en championnat (dont 7 comme titulaire), 2 en Coupe du Roi et 4 en Ligue des champions ; 1 220 minutes de jeu ; 2 buts marqués ; 14 fautes commises ; aucun carton jaune reçu. Avec lui sur le terrain, le Real n'a jamais perdu et a signé 14 victoires pour un seul nul. Raphaël Varane s'est parfaitement adapté au Real, au football espagnol et à la vie madrilène. Il a reçu de nombreux éloges et a même passé son permis. Désormais, il n'aura plus besoin d'un chauffeur pour se rendre à la Ciudad Deportiva de Valdebebas pour s'entraîner. Seul point noir, Laurent Blanc ne l'a pas convoqué chez les Bleus pour l'Euro 2012, mais Rafa relativise : « Ce n'est pas une déception. L'équipe de France est un objectif à long terme. Pour l'instant, je dois aider les Espoirs à se qualifier pour le championnat d'Europe de l'année prochaine. »

12

Joies et douleurs

Le 2 chasse le 19. Raphaël étrenne son nouveau maillot le 2 août 2012, hasard du calendrier, au Home Depot Center de Carson, en Californie. Pour son premier match de la préparation estivale, le Real Madrid défie le Los Angeles Galaxy. Le Français récupère donc le numéro laissé vacant par Ricardo Carvalho, qui s'entraîne avec la Castilla (l'équipe réserve). Ce numéro 2 s'accompagne de belles promesses, puisqu'il est théoriquement réservé à un titulaire. Et ce n'est pas la seule bonne nouvelle de l'été pour le gamin d'Hellemmes : le 9 août, il reçoit sa première convocation avec l'équipe de France en vue du match amical contre l'Uruguay qui se disputera six jours plus tard au Havre. Après la sortie de route des Bleus contre l'Espagne dès les quarts de finale de l'Euro, Laurent Blanc a cédé sa place à Didier Deschamps. Le nouveau sélectionneur tricolore veut injecter du sang frais dans l'équipe et appelle donc le Madrilène, mais aussi Christophe Jallet, Étienne Capoue et Mapou Yanga-Mbiwa.

Heureux comme un coq en pâte, Raphaël promet de faire de son mieux pour honorer la confiance du coach et de la Fédération, et remercie au passage son club « d'avoir cru en [lui] et Mourinho, auprès de qui [il apprend] jour après jour ». Pourtant, ses débuts avec les Bleus sont repoussés. Rafa devra attendre plusieurs mois avant que Deschamps ne le convoque à nouveau et retournera entre-temps chez les Espoirs. Le défenseur traverse en effet une mauvaise passe au début de la saison 2012-2013, et se retrouve souvent envoyé en tribunes ou condamné à cirer le banc. Il ne joue pas la Supercoupe d'Espagne, remportée par ses coéquipiers contre Barcelone. Il n'entre pas en jeu lors des quatre premières journées de championnat. Ce qui semblait si facile jusque-là devient presque insurmontable. Sa progression constante et régulière est brutalement freinée. L'ancien Lensois se renfrogne, d'après ses compagnons de sélection. Avec un Varane en mal de temps de jeu, la presse espagnole ne tarde pas à évoquer un possible prêt dès janvier, pour qu'il accumule des minutes et de l'expérience. Les clubs intéressés ne manquent pas, de Liverpool à Tottenham en passant par les Queens Park Rangers. Puis, d'un coup, tout bascule à nouveau. Le 18 septembre, pour la première journée de Ligue des champions, Manchester City se déplace au Santiago-Bernabéu. Rafa est titulaire, numéro 2 sur le dos, et remplace poste pour poste Sergio Ramos, que Mourinho tient pour responsable des errements défensifs de l'équipe. La décision du « Special One » étonne les journalistes en tribune de presse. Raphaël est d'ailleurs le premier surpris, même si « Mou » le lui avait laissé entendre le dimanche précédent. Le jeune défenseur central, conscient d'être passé à côté de sa préparation et de vivre un moment difficile, n'attendait que ça. Pendant le match, il est attentif, concentré et fait preuve de personnalité. Il muselle bien Carlos Tévez, relance proprement... Bref, contre l'équipe de Roberto Mancini, tout lui sourit. Le Real l'emporte 3-2 grâce à un Varane des grands soirs. S'il a réussi à relever la tête, c'est aussi grâce au « coup de pied au cul » que lui a mis son entraîneur, comme il le racontera quelques années plus tard dans *Le Journal du dimanche* : « Je n'étais pas bien, je n'arrivais pas à faire ce que je voulais sur le terrain. Il m'a repris : "Pourquoi tu ne cours pas à l'entraînement ?" Ma première réaction a été de bougonner : "Oh, ça va..." Mais je savais qu'il avait raison, je pouvais donner plus. »

Quoi qu'il en soit, Rafa redevient un incontournable des compositions de Mourinho. Le 30 septembre, il est titulaire en Liga pour affronter le Deportivo La Corogne, écrasé 5-1 par Cristiano et consorts. L'histoire se répète contre le Celta, Majorque et en C1 face au Borussia Dortmund.

Pour le Français de 19 ans, le temps fort de la saison arrive en début d'année. Le 30 janvier 2013 précisément, face au Barça en demi-finale aller de Coupe du Roi. Le défenseur occupe toute la première page de *Marca*, qui le qualifie de « Colossal » : « 1-1 : Varane le Sauveur. Il empêche trois buts tout faits et signe l'égalisation pour le Real lors de son premier *Clásico*. » Absolument toute la presse européenne s'y met et salue la prestation de géant du Français : « Un Varane impérial répond au but de Cesc » *(As)* ; « Varane devient un "Classique" » *(El Mundo)* ; « Contre Varane, le Barça n'y arrive pas » (*El Paìs)* ; « Varane freine le Barça » *(L'Équipe)* ; « Varane sauve Mourinho » *(La Gazzetta dello Sport)* ; « Le Real accroche Barcelone grâce à une tête tardive de Varane » *(The Guardian)*. Tout le monde est sur la même longueur d'onde, comme le montrent les éditos de deux journaux d'opinion comme *El Mundo* et *The Guardian* : « Pour une fois, ni "la Pulga" blaugrana ni "la Bête" merengue n'ont laissé leur empreinte. C'est bien Varane qui a donné vie au *Clásico* des deux côtés du terrain, qui a obtenu une mention "très bien" dans le match ultime et qui, à 19 ans, promet d'être un central *"Clásico"* », relate le quotidien espagnol. De l'autre côté de la Manche, *The Guardian* écrit : « Dans un *Clásico* où pour une fois, ni Lionel Messi ni Cristiano Ronaldo n'ont marqué, le moment marquant du match est venu d'un défenseur de 19 ans, profitant de blessures et de suspensions pour être aligné. Raphaël Varane, titularisé en l'absence de Sergio Ramos et Pepe, a signé une prestation colossale. »

Qu'a donc fait le jeune joueur pour s'attirer autant d'éloges ? À la 24e minute, il a dégagé sur sa ligne un tir de Xavi. À la 38e, il a annihilé une contre-attaque de Messi. À la 76e, il a osé un tacle glissé pour retirer le ballon des pieds de Cesc Fábregas tout seul devant les buts. Et à la 81e, il a parachevé son chef-d'œuvre : centre de la droite d'Özil, Rafa saute plus haut que Gerard Piqué et Fábregas pour réussir une tête piquée et décroisée qui trompe Pinto. Il devient ainsi le plus jeune joueur du Real à marquer contre le Barça, en devançant un certain Raúl, mais il se paie aussi le luxe d'être juste derrière Messi, comme le plus jeune joueur étranger à marquer dans un *Clásico*. À la fin de la rencontre, le jeune homme est félicité par tous ses coéquipiers et par Aitor Karanka, entraîneur-adjoint du Real, qui qualifie son match d'extraordinaire. Raphaël, ému, s'avance devant les micros et admet : « Je n'oublierai jamais ce match, c'est un rêve éveillé pour quelqu'un de 19 ans. » Un rêve qui se poursuit le lendemain, puisqu'il est convoqué en sélection pour un match amical contre l'Allemagne. Cela faisait six mois que Didier Deschamps n'avait pas fait appel à lui. Malheureusement, la chance ne lui sourit pas plus longtemps. Le samedi 2 février, en championnat contre Grenade, Raphaël ressent une douleur au tendon du genou droit pendant la seconde période. Les examens révèlent une lésion musculaire de premier degré. Il ne pourra pas disputer la rencontre des Bleus. Sa blessure ne l'éloigne pas pour autant des journaux et des rumeurs de transfert. Un intérêt de Manchester City et du PSG est évoqué. Arsène Wenger se demande comment il a pu échapper à Arsenal, puisqu'il le suivait depuis ses débuts à Lens et avait tenté de le faire venir à Londres. Il reconnaît que si le Real a pris un risque avec un joueur aussi jeune, Mourinho dispose désormais d'une vraie pépite. Un avis partagé par Jorge Valdano. Au micro de « Carrusel Deportivo », une émission de radio de Cadena SER, l'Argentin, ancien joueur et ex-directeur sportif du Real, dit de Varane qu'il apportera « dix ans de bonheur au Real Madrid ».

En effet, le Français fait les beaux jours de la Maison blanche, et le prouve une nouvelle fois lors du retour de la Coupe du Roi au Camp Nou. Le 27 février, il est encore titulaire à la place de Pepe et ne manque rien. Aucune faute, aucune appréhension : il intercepte les transmissions de Xavi, d'Iniesta et de Cesc. Il contient Messi. Il impressionne dans le jeu aérien. Et il est aussi actif en attaque : à la 68e, sur un corner tiré par Özil, il domine Piqué de la tête et inscrit son second but de la saison. Le Real s'impose 3-1 et accède à la finale de la Coupe du Roi.

Six jours plus tard, le jeune homme remet le couvert à Old Trafford, lors du succès des Merengues contre le Manchester United de sir Alex Ferguson. Sa prestation n'échappe pas à Didier Deschamps : « Varane a fait preuve d'une maturité hors du commun dans un match digne d'une finale de Ligue des champions. » Le sélectionneur joint le geste à la parole et convoque une nouvelle fois Rafa, pour affronter la Géorgie et valider la qualification pour la Coupe du monde. La troisième est finalement la bonne. Au Stade de France, le vendredi 22 mars 2013, le Madrilène fait ses premiers pas en équipe de France et commence par un succès 3-1. Il est le plus jeune défenseur de l'histoire des Bleus. Aligné à côté de Mamadou Sakho, il dispute les quatre-vingt-dix minutes et reçoit les applaudissements du public. « C'est très bien, une victoire pour une première sélection dans un match important, je suis très content, dit Varane en zone mixte. J'étais très ému avant et même pendant le match. J'ai eu des frissons pendant *La Marseillaise*, mais tout s'est bien passé. »

Quatre jours plus tard, malgré la défaite 1-0 à domicile contre l'Espagne de Vicente Del Bosque, Rafa fait encore bonne figure. À la télévision, Frank Lebœuf, ancien défenseur international, commente la rencontre et affirme que le jeune homme a la tête sur les épaules, un grand potentiel et un avenir radieux : « Beaucoup le comparent à Hierro pour sa technique mais, physiquement, Raphaël est plus fort et plus rapide. » « J'ai du mal à croire qu'il n'a que 19 ans. C'est l'un des meilleurs défenseurs que j'ai affrontés », dira quant à lui Didier Drogba, l'attaquant de Galatasaray, à la fin des quarts de finale aller de Ligue des champions contre le Real.

À ce moment, Rafa est la grande révélation du football européen. Il s'impose progressivement comme un titulaire en puissance à la Maison blanche et devient un pilier de Clairefontaine. Malheureusement, sa belle saison (33 matchs – 15 en Liga, 7 en Coupe d'Espagne et 11 en C1 – pour 2 buts et 2 623 minutes de jeu) se termine mal. Le 11 mai, le Real affronte l'Espanyol au stade de Cornellà-El Prat pour le compte de la 35ᵉ journée de championnat. Après moins de vingt minutes de jeu, il heurte Mubarak Wakaso dans le couloir droit. Une action anodine, une cheville et un genou mal positionnés, un mouvement étrange, et le défenseur ressent une douleur. Les médecins du Real l'examinent sur le bord du terrain. Rafa ne peut plus continuer. Il est remplacé par Xabi Alonso. Il quitte le stade avec des béquilles, le genou bandé. Les pronostics sont plutôt optimistes, mais les examens plus poussés révèlent une fracture du ménisque du genou droit. Le lendemain, Raphaël se rend à l'hôpital Saint-Privat de Boujan-sur-Libron, près de Béziers, pour y être opéré. Le docteur Hervé Silbert est chargé de l'arthroscopie. Le lundi 13 mai à 16 h 30, le Real confirme sur son site que l'intervention est un succès. Il faudra compter six semaines d'indisponibilité. Raphaël manque donc les trois dernières journées de championnat, la finale de Coupe du Roi (remportée par l'Atlético) et les querelles de vestiaires entre Mourinho et ses cadres, de Casillas à Ramos, Pepe et Cristiano. Ce qui n'est pas plus mal. Il manque aussi la tournée sud-américaine de l'équipe de France et la Coupe du monde des moins de 20 ans, que ses coéquipiers remportent en Turquie en battant en finale l'Uruguay aux tirs au but.

Soixante-sept jours après sa blessure, Raphaël Varane se présente à la Ciudad Deportiva de Valdebebas. Nous sommes le 17 juillet 2013 et le Real est déjà au travail depuis trois jours. Après un footing avec ses coéquipiers sous les ordres de Carlo Ancelotti, qui succède à Mourinho, puis une séance individuelle en salle de sport. Tout se présente bien. Et pourtant la saison 2013-2014 est un calvaire pour Raphaël. Il enchaîne les blessures et ses matchs joués sont réduits à la portion congrue. Le 10 août, après un entraînement au stade Edward-Jones Dome de Saint-Louis, le Français est aperçu avec un épais bandage et une poche de glace sur le genou. C'est la rechute : inflammation du ménisque. Il doit patienter jusqu'au 2 octobre pour disputer son premier match de la saison contre Copenhague. Soit cent seize jours après sa maudite blessure. À la fin de la rencontre, la deuxième du Groupe B de Ligue des champions, Rafa reconnaît qu'il a vécu une dure épreuve : « À 20 ans, tu as envie de jouer, ce n'est pas facile de rester au bord du terrain. L'opération a été compliquée, j'ai dû modifier mes appuis et même ma façon de courir, mais maintenant ça va. Bien sûr, je ne suis pas encore à 100 %, c'est mon premier match, mais je suis prêt à me battre pour une place dans l'équipe. » Quatre matchs en Liga, une en C1 contre la Juventus, le barrage pour la Coupe du monde contre l'Ukraine, et voilà que le défenseur doit à nouveau s'arrêter le 20 novembre, le genou enflé par du liquide synovial dans l'articulation. Carlo Ancelotti espère que son numéro 2 pourra reprendre du service après les fêtes, mais en janvier, il ne s'entraîne pas avec les autres. Une nouvelle opération est évoquée et certains avancent même que le Français pourrait être contraint de mettre un terme à sa carrière. « J'ai entendu beaucoup de choses au sujet de mon genou, quelques blagues, notamment comme quoi on ne m'aurait pas opéré le bon genou. Pourtant, aujourd'hui, la situation est claire : j'ai été dans de très bonnes mains, celles du chirurgien Hervé Silbert, avec qui je reste en contact et qui a effectué un superbe travail. Au niveau articulaire, tout va bien désormais et je n'ai aucune crainte quant à mon genou droit », confie l'intéressé au *Figaro*.

Le défenseur axial rejouera quatre-vingt-dix minutes au stade Vicente-Calderón le 11 février 2014, en demi-finale retour de Coupe du Roi. Par la suite, le cauchemar se poursuivra : des bouts de matchs par-ci, des prestations en deçà par-là, jusqu'aux premières semaines de mai, quand l'international français manque l'avant-dernière journée de Liga sur le terrain du Celta Vigo, mais que tout le monde espère qu'il pourra être de la partie le 17 mai, en clôture de Liga, contre… l'Espanyol.

Le Real n'a plus rien à gagner : le titre se joue entre FC Barcelone et l'Atlético Madrid. Le seul enjeu est que Rafa puisse retrouver le rythme en vue de la finale de Ligue des champions à Lisbonne. Los Blancos se sont qualifiés en éliminant le Borussia en quarts et le Bayern Munich en demies. Quatre rencontres, mais seulement trente-trois petites minutes de jeu pour le Nordiste, autrement dit des miettes. Pepe avait jusque-là tenu sa place dans l'axe avec Ramos, mais le Portugais traîne une vieille blessure et doit dire adieu à la finale européenne. C'est donc à Rafa de jouer, à condition que son genou le permette. Le test contre l'Espanyol se déroule correctement. Le 24 mai 2014, au stade de Luz de Lisbonne, le Français est titulaire dans la finale de Ligue des champions qui oppose les deux grands clubs de Madrid, le Real et l'Atlético. Pendant cinquante-sept minutes, les Colchoneros caressent le rêve de soulever leur première coupe aux grandes oreilles. Ce sont eux qui lancent les hostilités à la 35e minute : corner pour l'Atlético concédé par l'ancien Lensois. Le ballon arrive dans la surface et le Français repousse de la tête. Juanfran remet dans la boîte, puis Diego Godín bat Sami Khedira de la tête. Casillas manque sa sortie et ne peut empêcher le ballon de franchir la ligne : 1-0 pour l'Atléti. À la 93e minute, au bout du temps additionnel, Sergio Ramos gratifie les spectateurs d'un coup de casque dont il a le secret sur un corner tiré par Luka Modrić. Les Merengues sont encore en vie et s'offrent des prolongations. Ce seront les trente minutes de trop pour les Rojiblancos qui se voient privés du titre par leurs grands rivaux. D'abord Gareth Bale, de la tête après un raid d'Ángel Di María, puis Marcelo et enfin Cristiano Ronaldo sur penalty trompent Thibaut Courtois et signent le 4-1 définitif. Toutefois, la grande finale s'achève sur une polémique, avec en protagonistes Raphaël Varane et Diego Simeone. Le Français expédie le ballon vers le banc de l'Atlético ; l'entraîneur argentin lui renvoie puis entre sur le terrain, bien décidé à en découdre. Di María, l'arbitre et le staff colchonero s'interposent pour calmer le jeu. « Le Cholo » est expulsé et expliquera ensuite : « Varane s'est moqué de moi en me lançant le ballon. Nous, les "anciens", nous n'aimons pas ça. Je me suis trompé en réagissant de la sorte, mais lui aussi. C'est un jeune avec un brillant avenir, il ne doit pas se comporter de cette manière. » Quelques jours plus tard, dans « Téléfoot », sur la première chaîne française, le joueur revient sur cette altercation : « J'ai un immense respect pour Monsieur Simeone, que ce soit pour sa carrière de joueur ou pour l'entraîneur. Il mérite le respect, parce qu'il montre de belles choses et qu'il fait partie des meilleurs. Avec le contexte d'une fin de match de finale de Ligue des champions, il y a beaucoup de tension. Étant deux compétiteurs, la tension est montée, mais cela reste anecdotique, il ne faut pas retenir ça de cette finale magnifique qui a donné aux *socios* la *Décima*. Il y avait une obsession pour ce titre et nous avons réussi à le décrocher. Les supporters attendaient ça depuis trop longtemps. » Pour être précis, depuis douze longues années… et le chef-d'œuvre de Zinédine Zidane à Glasgow.

13
Payer pour apprendre

Jouer une Coupe du monde au pays du football... un rêve de gamin. De professionnel aussi ! Et ce rêve, l'enfant d'Hellemmes va pouvoir le réaliser lors de l'été 2014 : Rafa est retenu sur la liste des 23 de Didier Deschamps. Le Madrilène sera de l'aventure au Brésil. Il figure parmi les huit défenseurs choisis par le sélectionneur français. Malgré son manque d'expérience internationale avec les Bleus – six sélections avant d'entamer la compétition –, sa présence est loin d'être une surprise. Rafa apparaît même comme un titulaire en puissance en défense centrale depuis qu'il a su saisir sa chance le 18 novembre 2013, lors du barrage retour décisif remporté 3-0 contre l'Ukraine. Dans ce match couperet pour la qualification, il a profité de la suspension de Laurent Koscielny (Arsenal) pour montrer son savoir-faire et afficher au plus haut niveau une sérénité rare pour un joueur de 20 ans.

« Ce match a été fondateur dans l'esprit du sélectionneur, raconte un ancien international qui préfère garder l'anonymat. Il a permis aux Français de se sortir d'un scénario compliqué après une défaite 2-0 à l'aller en Ukraine et également de se réconcilier avec leurs supporters qui avaient tourné le dos à la sélection depuis la Coupe du monde 2010 en Afrique du Sud et le fiasco de Knysna[1]. Ce soir-là, il s'est passé quelque chose sur la pelouse du Stade de France. Au-delà de la victoire et de la qualification, il y a eu une vraie communion avec le public comme on en avait sans doute rarement vue en France depuis le succès des Bleus en 1998. Une nouvelle génération était en train d'émerger, et Raphaël Varane incarnait ce renouveau au même titre que Paul Pogba. »

Rien de surprenant, donc, à voir le vainqueur de la Ligue des champions griller la politesse à l'expérimenté Koscielny et même envoyer l'ancien Barcelonais Éric Abidal, non sélectionné, vers la retraite internationale. « Si j'estime qu'un joueur peut apporter quelque chose à l'équipe, je ne regarde pas sa date de naissance. Il y a des joueurs qui, à 30 ans, n'ont pas de maturité, mais lui, à 21 ans, est calme. C'est un joueur hors catégorie par rapport à son âge. Il est serein, ça se voit sur son visage. Comme, en plus, il n'est pas embêté avec le ballon dans les pieds, c'est quelque chose d'agréable aussi pour un défenseur, au-delà de savoir bien défendre », se justifie Didier Deschamps.

---

1. La France est éliminée dès le premier tour de la compétition en terminant dernière de son groupe derrière l'Uruguay, le Mexique et l'Afrique du Sud. La compétition est marquée par la grève des joueurs qui refusent de s'entraîner le 22 juin avant leur dernier match contre l'Afrique du Sud.

Et l'ancien champion du monde 1998 va au bout de ce raisonnement au moment de lancer sa campagne brésilienne face au Honduras le 15 juin 2014 au stade Beira-Rio de Porto Alegre. Pour l'entrée en lice des Bleus dans le Groupe E, le sélectionneur à l'accent chantant de Bayonne renouvelle sa confiance à Raphaël Varane, qu'il associe dans l'axe au défenseur de Liverpool, Mamadou Sakho, héros de la qualification après ses deux buts contre l'Ukraine.

« C'était osé, poursuit l'ancien international, car, dans ce genre de compétition, l'expérience fait souvent la différence. Mais comme Raphaël comprend beaucoup plus vite que les autres, il n'a eu aucun mal à appréhender le rendez-vous. »

Pour sa première apparition en Coupe du monde, Rafa n'a pas vraiment l'occasion d'être submergé par l'émotion. Un problème de sonorisation prive les deux équipes des hymnes nationaux. Sur le terrain, les Bleus n'ont aucun problème à l'allumage. Ils surclassent les Honduriens sur le score de 3-0 avec un doublé de Karim Benzema et un but contre son camp de Valladares.

Difficile de juger Rafa sur ce premier match. Il n'a pas eu besoin de forcer son talent et, malgré deux hésitations dans le final, il a parfaitement rempli son contrat. « Belle entrée dans la compétition ce soir… bon pour la confiance », se félicite le Merengue dans un message posté en anglais sur Twitter et accompagné d'un selfie avec l'ancien Lillois Lucas Digne et l'homme du match, Karim Benzema.

Cinq jours plus tard, Raphaël Varane est à nouveau attendu au tournant. Le deuxième match face à la

Suisse, vainqueur 2-1 de l'Équateur, est déjà considéré comme la finale du groupe. L'opposition est d'un tout autre calibre et le jeune Madrilène va devoir contenir des attaquants réputés tels qu'Haris Seferović (Real Sociedad) et Xherdan Shaqiri (Bayern Munich). Mais à l'Arena Fonte Nova de Salvador de Bahia, les Bleus offrent une nouvelle démonstration offensive : Giroud de la tête, Matuidi d'une frappe sèche au premier poteau, Valbuena de près, Benzema sur une action acrobatique et Moussa Sissoko d'un plat du pied croisé inscrivent les cinq buts français. Le score aurait dû être plus lourd, mais Benzema a manqué un penalty et s'est vu refuser un but valable dans le temps additionnel. Au final, les Suisses ont fini par réduire le score par deux fois, atténuant l'écart (5-2), mais pas le bilan de Rafa. À la fin du match, les observateurs sont unanimes : l'ancien Lensois a réalisé une prestation hors norme. « Excellent match de la réincarnation de Blanc, Beckenbauer et Trésor », plaisante Panthéon Foot, un blog satirique français. On n'est pourtant pas loin de la vérité…

« Sur le plan défensif, il a tout bonnement été époustouflant, note un suiveur des Bleus. Ses interventions ont toutes été marquées du sceau de la qualité et il a régné en maître aux abords de la surface de réparation. C'est assurément de la graine de champion. »

Intraitable en défense, Rafa a aussi été très en vue sur le plan offensif : sur le premier but de Giroud, il a été à un cheveu de devancer l'attaquant d'Arsenal et d'inscrire son premier but en bleu ; et sur le 3-0 de Mathieu Valbuena, c'est lui qui a été à l'origine de la contre-attaque fulgurante en donnant la passe idéale pour Giroud.

« De telles louanges changent inévitablement le regard des gens et provoquent encore plus d'attentes, remarque l'un de ses anciens entraîneurs à Lens. C'est à double tranchant. Les moindres gestes de Raphaël allaient désormais être scrutés, décortiqués et inévitablement on lui pardonnerait beaucoup moins ses erreurs... »

Rien à signaler le 24 juin face à l'Équateur (0-0), lors du dernier match de poules qu'il commence sur le banc, histoire de souffler un peu. Six jours plus tard, en huitièmes de finale face au Nigeria, Rafa retrouve logiquement sa place de titulaire et se montre à nouveau intraitable. Il est désormais clairement le patron de la défense. À l'Estádio Nacional de Brasilia, le Madrilène est partout pour remettre de l'ordre : capable de dégager au plus pressé quand la menace se fait sentir, mais aussi de soigner ses relances pour donner le tempo à sa sélection qui s'impose dans la douleur devant les Super Eagles grâce à Pogba et un but contre son camp de Yobo (2-0).

Les louanges pleuvent une nouvelle fois : « Il n'a pas besoin d'en rajouter. Chez lui, le football rime avec efficacité, sobriété et sérénité », assure eurosport.fr. Alors, au moment de retrouver l'Allemagne en quarts de finale, Rafa n'est plus seulement le « Monsieur Propre » du Real Madrid, mais désormais aussi le taulier de la défense tricolore.

C'est avec ce nouveau statut qu'il s'avance calmement le 4 juillet 2014 sur la pelouse du mythique stade Maracanã. Il ne sait pas encore la déception qui l'attend lorsqu'il pénètre dans l'arène de Rio de Janeiro sous les vivats des 74 000 spectateurs. Il est 13 heures au Brésil et les deux équipes s'apprêtent à en découdre sous un soleil de plomb.

Rafa savoure sa *Marseillaise*, bras dessus, bras dessous avec Pobga et Yohan Cabaye. Il regarde loin devant, concentré, déterminé à aller chercher ce billet pour le dernier carré de la Coupe du monde. Il est dans sa bulle et entend à peine les dernières notes de l'hymne allemand *Das Lied der Deutschen* libérer une immense clameur depuis les tribunes. Une tape franche dans les gants de son gardien de but, Hugo Lloris ; une accolade amicale à son partenaire dans l'axe, Mamadou Sakho… C'est le moment de jouer.

Le début de la partie est tendu. L'Allemagne, qui a dû passer par la prolongation pour venir à bout de l'Algérie en huitièmes de finale (2-1), est décidée à mettre d'entrée les jeunes Français sur le reculoir : à la 3e minute, Rafa intervient une première fois en contrant une frappe dans l'axe de Toni Kroos. « Bien joué, gamin ! » lui lance un membre du staff sur le banc. Le Madrilène est bien dans son match. Une minute plus tard, il s'emploie encore. Cette fois sur une longue touche venue du côté gauche : il ne prend aucun risque, récupère le ballon et dégage le plus loin possible. Les Bleus respirent…

L'étau allemand se desserre enfin. Les Bleus peuvent passer à l'action. À la 8e minute, Valbuena combine avec Benzema à l'entrée de la surface. La tentative du Madrilène file à droite des buts de Manuel Neuer. L'opportunité était belle, surtout quand on connaît la suite…

Quatre minutes plus tard, la Mannschaft hérite d'un coup franc côté gauche, à une trentaine de mètres des buts français. Une belle possibilité pour un droitier de porter le danger sur la cage de Lloris. Toni Kroos se charge de placer le ballon. Le milieu de terrain du Bayern Munich prend son temps, jette plusieurs regards pour bien visualiser la zone qu'il souhaite toucher. Son geste est parfaitement maîtrisé, le ballon s'envole en direction du point de penalty en décrivant une courbe parfaite. Rafa est à la lutte avec Mats Hummels. Il ne quitte jamais le ballon des yeux. Pourtant, au moment de l'impact, il est devancé par le défenseur allemand qui place un coup de tête précis sous la barre transversale. Lloris a beau se détendre, le ballon vient mourir dans les filets. BUT ! Varane n'en revient pas. « Faute ! » crie-t-il. Mais l'arbitre argentin, Néstor Pitana, ne bronche pas. Ce n'est pas la peine d'insister. Pourtant, le ralenti est formel et dévoile la ruse du joueur du Borussia Dortmund qui a écarté du bras le défenseur du Real Madrid pour se mettre en position idéale.

Après avoir accusé le coup l'espace d'un instant, Rafa relève vite la tête et tape dans les mains comme pour haranguer ses partenaires. Bien sûr, la frustration est énorme, mais le match est loin d'être fini. Il reste encore plus d'une heure aux Bleus pour inverser le scénario. Pas question de rendre les armes aussi facilement…

L'Allemagne a pourtant bien le match en main et, au fil des minutes, des imprécisions et des arrêts réflexes de Manuel Neuer, les espoirs français s'amenuisent. Au bout du temps additionnel, il y a tout de même l'occasion de la dernière chance pour Karim Benzema. Mais Neuer repousse encore une fois la lourde frappe d'une manchette spectaculaire. La France est battue 1-0 par un adversaire qui semblait à sa portée… Et qui n'est autre que le futur champion du monde.

La déception des Français au coup de sifflet final fait peine à voir. Deschamps vient réconforter Benzema encore sous le choc de sa dernière occasion. Griezmann fond en larmes. Lloris joue les grands frères. Raphaël Varane est accroupi, seul, dans un coin du stade. Il sait qu'il n'est pas exempt de tout reproche sur le but d'Hummels, celui-là même qui a coûté l'élimination à sa sélection.

« Sur le but, il y a un petit quelque chose, oui… Mais quand ce n'est pas sifflé, c'est qu'il n'y a pas faute. J'ai eu deux-trois duels similaires que j'ai remportés. Malheureusement, celui-ci m'échappe… » s'excuse-t-il un peu plus tard en conférence de presse, à l'heure de faire le bilan de sa première Coupe du monde. « On est évidemment déçu quand on est impliqué sur un but en tant que défenseur… Oui, je suis frustré, surtout que derrière on n'a pas réussi à égaliser. J'ai vécu malgré tout de beaux moments. J'ai acquis de l'expérience. Je me suis senti très à l'aise dans ce groupe soudé, jeune, dynamique. Cela restera très positif pour moi. »

14

Le Kaiser

Rafa pose devant les photographes au côté de Florentino Pérez. En costume noir et chemise blanche, il brandit avec le président du Real un maillot floqué à son nom et accompagné d'une date : 2020. Derrière eux sont exposées les dix Coupes des champions conquises par le club. Nous sommes le 18 septembre 2014. Raphaël Varane vient tout juste d'apposer sa signature sur un nouveau contrat qui le lie au club merengue jusqu'au 30 juin 2020, soit trois saisons de plus que son contrat initial signé en 2011. La Maison blanche s'assure ainsi les services du défenseur français qui avait bien failli se laisser séduire par les sirènes du championnat anglais au cours de l'été. Le nom de Chelsea, entraîné par son ancien coach José Mourinho, est revenu avec insistance, d'autant plus que sous Ancelotti, l'ancien Lensois joue moins qu'avec le « Special One ». Bien sûr, sa blessure au ménisque n'y est pas étrangère, mais le technicien italien a également une préférence pour la charnière centrale formée par Pepe et Sergio Ramos. D'où l'envie de Rafa de trouver un club où il serait titulaire. Finalement, l'affaire fait pschitt et le Français déclare sur le site du Real : « Je suis très heureux de continuer au club. Je suis bien, ici. Les gens me traitent comme si j'avais été formé au club. C'est un honneur et j'estime avoir beaucoup de chance de porter ce maillot. Le nouveau contrat démontre la confiance que m'accorde le Real. J'ai grandi et j'ai beaucoup progressé depuis que je suis arrivé à Madrid à 18 ans. Je suis plus mûr, comme joueur et comme personne. J'ai énormément appris et je veux continuer à progresser. J'ai vécu de beaux moments et d'autres plus difficiles, mais je crois que l'avenir nous réserve surtout du bonheur. Ici, je serai heureux. Cette année, nous allons tenter de remporter à nouveau la Ligue des champions et d'autres titres. » Le dernier titre en date, justement, a rejoint l'armoire à trophées il y a un mois à peine : le 12 août à Cardiff, le Real bat Séville grâce à un doublé de Cristiano Ronaldo et décroche la Supercoupe de l'UEFA douze ans après son dernier sacre dans la compétition. L'ancien Lensois, lui, reste sur le banc, Ancelotti ayant préféré aligner une fois de plus le duo Pepe-Ramos. Le jeune Français est toutefois de la partie pour affronter l'Atlético Madrid, le 22 août, en match retour de Supercoupe d'Espagne, mais ce sont bien les Colchoneros qui s'imposent 1-0 et repartent avec le trophée. Quoi qu'il en soit, Rafa, qui entame sa quatrième saison en Espagne, présente déjà un palmarès incroyable. Avec le Real, il a remporté une Liga, une Ligue des champions, une Coupe du Roi, une Supercoupe de l'UEFA et une Supercoupe d'Espagne.

Ce qui ne l'empêche pas d'être relégué sur le banc. Si l'enfant d'Hellemmes est un taulier chez les Bleus (comme il le démontre encore à Saint-Denis le 4 septembre, lors d'un amical remporté 1-0 contre l'Espagne), au Real, il n'est que le troisième choix en défense centrale. Il est donc contraint d'attendre la bonne occasion pour pouvoir exhiber son numéro 2. Celle-ci se présente le 20 septembre, contre le Deportivo La Corogne. Los Blancos terrassent leurs adversaires 8-2. Le Nordiste enchaîne avec trois autres rencontres comme titulaire, face à Elche, Villarreal et Ludogorets en C1, avant de ne disputer que quarante-cinq minutes contre l'Athletic Bilbao, le 5 octobre. « J'ai envie de jouer tout le temps, comme tout le monde. C'est normal. Je suis dans une bonne phase et j'espère que ça va continuer. Si c'est Pepe qui joue, ça ne change rien, l'important est que l'équipe gagne », explique-t-il aux journalistes.

En attendant des jours meilleurs en club, Raphaël étrenne le brassard de capitaine en sélection. Didier Deschamps le lui confie en seconde période d'Arménie-France, un match amical disputé à Erevan le 14 octobre 2014 (3-0 pour les Tricolores). Le sélectionneur explique son choix : « Raphaël transpire tellement la tranquillité et la sérénité que je n'ai pas pris de risque, je savais que ça n'allait pas le déséquilibrer. » À 21 ans, Varane devient le plus jeune capitaine de l'histoire de l'équipe de France depuis 1910 ! Le 11 novembre, *France Football* consacre sa couverture au défenseur et titre « Le miracle Varane ». Le numéro 4 tricolore se confie longuement dans les pages de l'hebdomadaire :

« Quand on est un jeune footballeur du Real Madrid, à quoi pense-t-on le matin en se levant ?

— Pour moi, le football n'a jamais été une obsession. Même depuis que je suis au Real. Je ne me lève pas en me disant que je dois tout donner à l'entraînement ou pendant un match. Ce qui me plaît, c'est me rendre compte des progrès que je fais. J'ai un côté perfectionniste. Ma mère me disait que quand j'étais petit et que je faisais mes devoirs, elle était surprise de me voir aussi appliqué et consciencieux. Je crois que c'est un aspect de ma personnalité que j'ai conservé.

— Qu'est-ce qui vous manque de votre vie précédente ?

— Sortir quand j'en ai envie et aller où je veux.

— C'est difficile d'être célèbre ?

— Ce n'est pas facile. Toute cette agitation... J'avoue qu'au début, j'ai eu du mal à m'adapter. Je sais qu'il y en a qui recherchent ça, mais pas moi. Je suis un mec simple et j'aurais voulu continuer à vivre tranquillement, mais ce n'est pas possible. Je me souviens qu'un jour, je suis allé faire des courses à Madrid avec mon père et mon frère, et on a fait la bêtise d'y aller à l'heure de la sortie des écoles. Plus jamais. Ils semblaient tous fous.

— Vous n'étiez pas prêt pour la célébrité ?

— Je voulais être un footballeur, pas une star. Il m'a fallu du temps pour accepter et comprendre que rien ne serait plus comme avant. [...] C'est bizarre de sortir du bac et de voir des gamins de ton âge te demander un autographe. Comme je suis plutôt timide, je l'ai un peu mal pris. Pendant plusieurs mois, je suis resté un peu caché. Dans la rue, je baissais la tête pour éviter les regards des gens. Je ne voulais pas qu'on me reconnaisse. Mais petit à petit, j'ai appris à vivre avec. Maintenant, je sais que ça fait partie de la vie d'un footballeur et j'essaye de mener ma vie normalement. »

Sept jours après l'entretien à *France Football*, à l'occasion de la dernière sortie des Bleus de l'année – un amical contre la Suisse au Vélodrome –, Raphaël signe son tout premier but en sélection, avec le numéro 4 sur le dos et le brassard de capitaine au bras. À la 83e minute, Antoine Griezmann pose son ballon au poteau de corner droit. Il imprime une parabole parfaite à la balle vers la surface. Rafa saute plus haut que ses adversaires, marque et exulte comme jamais. C'est son troisième but de la saison, après son doublé du 29 octobre en seizièmes de finale de Coupe du Roi contre Cornellá, dans le même stade où il s'était blessé en 2013. Ce soir-là, il inscrit deux splendides coups de casque sur corners, le premier tiré par James, le second par Isco. Grâce à ces deux buts, Varane compte six réalisations en club : cinq en Coupe et une en championnat. Malgré tout, il est plutôt absent des pelouses de Liga en cette fin d'année 2014, contrairement à la Ligue des champions où il dispute les quatre-vingt-dix minutes contre Liverpool, Bâle et Ludogorets. Le 20 décembre à Marrakech, à l'occasion de la finale de Coupe du monde des clubs de la FIFA, Rafa ne joue même qu'une petite minute contre les Argentins de San Lorenzo. Il entre à la 89e minute, juste le temps de célébrer le titre, obtenu grâce à des buts de Ramos et Bale.

En janvier 2015 s'ouvre le mercato d'hiver avec ses traditionnelles rumeurs de transfert. Le *Daily Telegraph* assure que le Chelsea de Mourinho et le Manchester United de Louis van Gaal sont prêts à tout pour s'attacher les services du Français. Une offre de 24 millions aurait même été formulée. *Marca* met alors son grain de sel et rapporte en première page l'intérêt présumé de Guardiola pour le Français. Le Bayern Munich suivrait donc également Raphaël Varane, tout comme Manchester City (entraîné par Manuel Pellegrini) ou encore l'Inter (de Roberto Mancini). Les prétendants se bousculent à la porte de l'ancien Lensois, dont l'envie d'être titulaire après quatre saisons au Real est bien connue. D'ailleurs, Rafa a plusieurs fois répété qu'il avait plus de responsabilité et de temps de jeu en sélection qu'en club, mais il faut dire que Pepe semble avoir trouvé une seconde jeunesse et pousse le Français à un poste de « titulaire remplaçant ». Tout va changer avec la nouvelle année. Le 15 janvier 2015, pour le huitième de finale retour de Coupe du Roi contre l'Atlético de Madrid, le Portugais est contraint d'abandonner ses partenaires à l'heure de jeu. Victime d'un choc avec Raul García, il quitte le terrain et cède sa place à Raphaël Varane. Képler Laveran Lima Ferreira, dit « Pepe », souffre d'une contusion au niveau des côtes et sera écarté des pelouses pendant deux à trois semaines. Cette absence profite au Français. Entre janvier et le 11 mars, il dispute douze rencontres d'affilée (dix en championnat et deux en Ligue des champions). S'il accumule du temps de jeu, il reçoit aussi de nombreuses critiques, notamment après la claque 4-0 infligée par les Colchoneros au Vicente-Calderón le 7 février. Les observateurs espagnols estiment que Rafa est loin de son niveau et n'est plus le joueur qui les avait tant épatés. Le défenseur réplique : « Au début de la saison, je n'ai pas beaucoup joué avec le Real, plus en sélection, et c'est ça qui m'a aidé à garder le rythme. Dans la seconde partie du championnat, j'ai joué davantage, mais à une époque où l'équipe était malheureusement moins bien. » Le garçon ne tarde pas à relever la tête : il s'affiche sous son meilleur jour d'abord avec les Bleus contre le Brésil, puis avec les Blancs contre l'Atlético. Le 26 mars, au Stade de France, il inscrit son deuxième but international. Corner de Mathieu Valbuena à la 21e minute : Rafa surgit au premier poteau et bat Jefferson de la tête. Les Auriverdes renverseront toutefois la situation et l'emporteront 3-1. Vient ensuite la double confrontation entre les éternels rivaux madrilènes, les 14 et 22 avril en quarts de finale de Ligue des champions. Le défenseur de 21 ans fait taire les critiques avec une grande prestation : rapide, précis, déterminant dans ses interventions, impérial dans le jeu aérien. Il contribue largement à la qualification des siens pour les demi-finales de la plus prestigieuse des compétitions. Pourtant, la fin de saison sera encore une fois gâchée pour le joueur et pour le club. Les Merengues sont éliminés de la C1 par la Juventus et échouent à deux points de Barcelone en Liga. Une saison blanche et Ancelotti doit plier bagage : le 25 mai, l'Italien est démis de ses fonctions par Florentino Pérez. Neuf jours plus tard, le président annonce que le nouveau projet du club de Chamartín sera dirigé par Rafael Benítez. C'est une petite révolution pour Raphaël Varane. Dès la première journée de la nouvelle saison, le 23 août

2015 contre le Sporting Gijón, le technicien madrilène fait confiance au défenseur français. Il n'hésite pas à écarter Pepe, dont l'âge (32 ans) et les pépins physiques commencent à peser. Raphaël obtient enfin ce qu'il désirait tant : jouer les premiers rôles. Le 2 novembre, à la veille du match retour de C1 contre le Paris Saint-Germain, le numéro 2 merengue a déjà disputé douze des treize matchs officiels. Et le Real, encore invaincu, domine le championnat d'Espagne avec seulement quatre buts encaissés, signe que l'arrière-garde tient bon. Lors de la conférence de presse à Paris, Benítez se dit ravi de sa charnière centrale : « Nous connaissons tous le potentiel de Varane. C'est un jeune joueur qui travaille bien, qui veut apprendre. Nous sommes heureux de son évolution et très optimistes pour son futur. » La presse française est tout aussi élogieuse. Le 11 novembre, *L'Équipe* écrit : « C'est Kaiser Varane. Il n'a pas encore remporté deux Ballons d'or ni même joué une demi-finale de Coupe du monde le bras en écharpe, mais il y a, chez Raphaël Varane, quelque chose de rayonnant, d'imperturbable, d'impérial qui lui donne un air de Kaiser. » Pour appuyer la comparaison, le quotidien livre quantité de statistiques. Depuis janvier 2014, Rafa est celui qui a le plus joué parmi les défenseurs centraux des grandes nations qualifiées pour l'Euro 2016 (21 matchs) devant Cahill (Angleterre, 17), Kompany (Belgique, 16) et Bonucci (Italie, 16). L'ancien Lensois a également le meilleur pourcentage de passes utiles (92 %, contre 91 % pour son homologue anglais) et de ballons récupérés (93, contre 81 pour son dauphin Sergio Ramos). Ce qui impressionne, c'est surtout l'évolution de l'international français, ses progrès constants et les garanties qu'il apporte en défense. Mais la malchance s'invitera une nouvelle fois : le 25 novembre, avant-dernière journée de la phase de groupes de C1 contre le Shakhtar. À la demi-heure de jeu, l'ancien du Racing se tient la jambe droite et doit sortir. Les examens confirment une lésion musculaire. Rafa rejouera quarante-cinq minutes en 2016, contre le Depor, mais sous les ordres d'un nouvel entraîneur. Le 4 janvier, après un nul contre Valence, Florentino Pérez remercie Rafa Benítez et choisit un certain Zinédine Zidane pour prendre les rênes de l'équipe première. « Zidane sait parfaitement ce que veut dire être à la tête du Real Madrid, affirme le président. De plus, il connaît ces joueurs, puisque bon nombre d'entre eux ont conquis, avec lui comme deuxième entraîneur, la *Décima* à Lisbonne. » Benítez paye les défaites contre Villarreal, Séville et surtout le 4-0 infligé à Bernabéu par le Barça. Sans oublier la piteuse élimination du Real de Coupe du Roi sur tapis vert à cause d'une erreur administrative, ou encore la mauvaise entente entre l'entraîneur et les cadres du vestiaire. Le technicien espagnol s'en va après moins de six mois et passe le relais à Zizou, promu de la Castilla (l'équipe réserve). C'est ainsi que Rafa se retrouve sous les ordres de l'homme qui, un jour de mai 2011, l'avait appelé pour lui faire part de l'intérêt du Real et avait été son mentor depuis. Quelque temps plus tard, le Nordiste dira au sujet de Zizou : « C'est un entraîneur qui aime le foot. Il aime jouer l'attaque, avoir le ballon et le faire circuler rapidement. À l'entraînement, il a ajouté une composante de préparation physique pour qu'on puisse dominer le terrain. Il parle volontiers avec nous et nous montre des vidéos pour qu'on améliore les détails. Le fait qu'il ait été un grand joueur et qu'il soit un entraîneur jeune le rapproche des joueurs de l'équipe. Quand j'étais petit, je le regardais jouer. Il a une aura incroyable sur tout le monde, surtout en France. »

L'estime est réciproque entre les deux Français. Lors des six premières rencontres dirigées par Zizou, Varane est régulièrement sur le terrain. Une série positive interrompue par un carton rouge contre l'Athletic Bilbao, le 13 février : le Français est averti une première fois à la 17e pour un coup de coude sur Aritz Aduriz, puis commet la faute de trop à la 83e sur un duel aérien, encore avec l'attaquant basque. C'est la toute première fois de sa carrière professionnelle qu'il est expulsé. Jusqu'à ce samedi noir, il n'avait récolté que 12 cartons jaunes en 163 matchs. « Je joue toujours propre. Je ne cherche jamais à faire mal à l'adversaire. Aucune des deux actions ne mérite un jaune. Je respecte la décision de l'arbitre, mais elle n'est pas juste. J'ai sauté pour devancer Aduriz, mais je ne voulais pas le frapper avec le bras », se justifie Rafa au micro de Real Madrid TV. Le défenseur est suspendu pour la journée suivante contre Málaga, mais il peut tenir sa place en milieu de semaine pour les huitièmes de finale de C1 contre la Roma (2-0 pour Cristiano et compagnie) et reçoit encore un jaune. Ce sera son dernier match européen de la saison. À moins de compter la petite minute qu'il dispute en quart retour contre Wolfsbourg. La raison est simple : Pepe est de retour en forme et Zidane s'appuie sur le Portugais pour compléter sa charnière avec Sergio Ramos. Varane redevient le « titulaire remplaçant », mais ne garde aucune rancune vis-à-vis de Pepe, comme il le fait savoir dans *L'Équipe Magazine* : « Il m'a beaucoup appris, sur la position sur le terrain ou l'intensité des tacles, par exemple. J'avais 18 ans et tout ce qu'il m'a dit m'a aidé à grandir. Il m'a appris à protéger le ballon, à jouer avec le corps, à m'aider des bras. Grâce à ses conseils, aujourd'hui, je peux essayer d'anticiper les mouvements de l'attaquant adverse. » Plus généralement, il loue la beauté du rôle de défenseur, qui ne se contente pas d'éloigner le danger, mais peut aussi créer du spectacle : « Pour moi, une belle action défensive, c'est intervenir sans commettre de faute pour récupérer le ballon et relancer proprement… Certains supporters apprécient plus ces gestes qu'une action offensive. » Au-delà des belles paroles, dans les derniers mois de la saison, Raphaël doit se contenter des miettes, mais il garde le moral et ne baisse jamais les bras : « J'aimerais toujours jouer. Zidane le sait, mais c'est lui qui prend les décisions. Moi, je travaille dur pour être prêt quand il m'appelle. » En plus des choix de son entraîneur, le défenseur doit se battre avec son corps : une lésion musculaire au mollet droit le prive du *Clásico* du 2 avril que le Real gagne 2-1 au Camp Nou, puis de la réception d'Eibar. Varane enchaîne ensuite cinq rencontres en Liga, mais pas la moindre minute en demi-finales de Ligue des champions contre Manchester City, ce qu'il n'apprécie que moyennement. « Jusqu'en novembre, j'ai joué presque tous les matchs, dit-il. C'est vrai que j'ai fait quelques erreurs inhabituelles pour moi, mais sur l'ensemble de la saison, le bilan est très positif. Même si j'aurais aimé jouer des matchs décisifs, notamment en Ligue des champions, mais ce sont les choix de l'entraîneur. Après cinq années à Madrid, j'espère être capable de surmonter tous les obstacles. Je suis à un moment crucial de ma carrière. Je pense qu'un joueur a besoin de se sentir important. Je connais mes qualités et je sais de quoi je suis capable. » Une fois encore, le Français ne semble pas pleinement épanoui, ce qui ne manque pas de relancer les rumeurs de transfert dans la presse française. Carlo Ancelotti, qui sera le nouvel entraîneur du Bayern Munich la saison suivante, a déjà fait savoir que Varane était l'une de ses priorités pour le mercato estival. Quant à José Mourinho, qui sauf catastrophe dirigera United, il lui court après depuis un moment. Le 22 mai, le Real publie sur son site un bulletin de santé pour son défenseur : « Les examens réalisés sur notre joueur Raphaël Varane révèlent une lésion musculaire de second degré au biceps fémoral gauche. »

Raphaël est privé de finale de Ligue des champions, le 28 mai à Milan. Ses coéquipiers s'imposent aux tirs au but (1-1 après cent vingt minutes) contre l'Atlético. Et il rate ensuite l'Euro 2016 organisé en France.

Le jour de l'entrée en lice des Bleus, Varane écrit cette lettre à ses coéquipiers, publiée dans *L'Équipe* :

« J'ai longtemps rêvé de cette soirée du 10 juin au Stade de France. La pression qui monte à quelques heures du coup d'envoi. La causerie, l'échauffement, les derniers instants de concentration dans le vestiaire, les hymnes, le coup d'envoi de ce match d'ouverture face à la Roumanie qu'il faut gagner parce que cet Euro est le nôtre, qu'on le prépare depuis de longs mois.

Ça me fait mal, très mal, de ne pas être présent à vos côtés. Mais je ne vous écris pas pour me plaindre et je ne vous demande surtout pas de partager ma peine. Au contraire, je souhaite vous envoyer des ondes positives, vous dire que je crois en vous. Je dois vous avouer que ça me fait tout drôle, moi qui avais l'habitude de partager votre quotidien lors des rassemblements. Le groupe France est une bulle qui nous protège. Quand on est à l'intérieur, on a parfois tendance à se formaliser pour une petite critique venue de l'extérieur, à ne retenir que le négatif. L'essentiel est ailleurs. L'amour de l'équipe de France existe. Vous le savez mais je vous le confirme… Soyez fiers de cette passion que vous suscitez. Vous avez une chance immense, celle de pouvoir donner du bonheur à tout un peuple, celle de faire le plus beau métier du monde. Combien d'enfants, ce soir, attendent que vous les fassiez rêver ? Des milliers. Des dizaines de milliers. Des millions. Être un Bleu, ce n'est pas seulement jouer pour une équipe, mais aussi pour tout un pays.

Je sais juste que vous êtes capables du meilleur. Je crois en vous. Vos proches et vos familles aussi. Pour eux, pour tous ceux qui vous soutiennent, vous allez devoir faire preuve de caractère, de détermination, vous allez devoir donner le meilleur de vous-même, vous surpasser. Souvenez-vous des beaux moments que nous avons passés ensemble et qui ont soudé notre groupe depuis le barrage retour contre l'Ukraine, en novembre 2013. J'aimerais vous donner rendez-vous le

10 juillet pour la finale. Mais je me dis aussi que votre grande force va justement consister à vivre au jour le jour, à profiter du moment présent. Plutôt que de vous prendre la tête avec ce qui pourrait arriver, concentrez-vous au quotidien sur ce que vous ferez pour arriver là où vous le souhaitez. Ce soir, je ne serai pas sur le terrain mais mon cœur battra pour vous, avec vous. ALLEZ LA FRANCE ! ! ! »

15

Nº 5

Comment dire non à José Mourinho ? À un club historique comme Manchester United ? À l'idée de doubler son salaire ? C'est pourtant ce que fait Raphaël à l'été 2016. Il justifie sa décision quelques semaines plus tard dans le « Canal Football Club » : « À partir du moment où Madrid et moi sommes en phase sur mon projet, il n'y a pas de question à se poser. J'ai toujours dit que je me sentais bien à Madrid. » Le choix n'a sans doute pas été facile à faire, mais, comme le rappelle Rafa : « On est des hommes, on a des décisions à prendre et c'est comme ça. » À en croire les indiscrétions de la presse anglaise, United était prêt à mettre 38 millions d'euros sur la table pour s'attacher les services du défenseur français, en plus d'un salaire annuel de 9,4 millions d'euros. En vain : après s'être longuement entretenu avec Zidane et la direction du club, Raphaël Varane est convaincu d'avoir fait le bon choix et que le Real est le club idéal pour continuer à grandir. Il veut oublier la blessure qui l'a privé de l'Euro 2016 et commencer sa sixième saison à Madrid de la meilleure manière possible. Pour cela, il récupère le numéro 5, celui que portait déjà Zizou chez les Merengues. Pour l'obtenir, c'est un véritable jeu de chaises musicales qui se met en place : Dani Carvajal hérite du numéro 2 du Français et donne son numéro 15 à Fabio Coentrão, qui transmet son maillot à Rafa. « J'aime le 5, raconte l'enfant d'Hellemmes. Et puis, je voulais changer un peu les choses : commencer la saison avec un nouveau numéro, c'est un peu comme repartir de zéro. » Varane ne croit pas si bien dire : en charnière centrale, Pepe et Sergio Ramos sont inamovibles, même si grâce aux blessures de l'un ou l'autre, il est titularisé pour les trois premiers matchs officiels de la saison. La première de ces rencontres intervient le 9 août et lui permet d'accroître sa collection de trophées : à Trondheim, le Real décroche la Supercoupe de l'UEFA en liquidant le FC Séville 3-2. Sergio Ramos, encore lui, arrache les prolongations avec un but à la 93e minute, puis Dani Carvajal, tout juste une minute avant les tirs au but, offre la victoire aux Madrilènes.

Ce titre européen n'est pas le seul motif de satisfaction de l'été. Zidane répète à l'envi qu'à Madrid, personne ne veut voir son jeune compatriote partir : « C'est un joueur qui compte beaucoup pour moi et pour le club. C'est un défenseur central qui a toujours fait preuve d'un grand professionnalisme. » D'ailleurs, en deuxième période du Trophée Santiago-Bernabéu contre Rennes, Zizou lui confie le brassard de capitaine. Didier Deschamps en fera de même avec les Bleus le 1er septembre 2016 pour affronter l'Italie. Les deux anciens champions du monde ne sont pas les seuls à reconnaître l'importance du défenseur. Contre la Real Sociedad, lors de la première journée de championnat, Rafa est ovationné pour sa merveille de passe décisive sur le *golazo* de Marco Asensio. La semaine suivante, contre le Celta Vigo, c'est tout le stade qui l'acclame sur une intervention décisive. Il marque également des points en Ligue des champions, face au Borussia Dortmund, le 27 septembre, malgré une prestation mitigée. Il commence en effet par servir sur un plateau... Pierre-Emerick Aubameyang, avant d'inscrire un vrai but d'avant-centre. En toute fin de première période, Raphaël Guerreiro tire un coup franc direct, difficilement repoussé par Keylor Navas. Le ballon rebondit sur Varane et s'envole vers les buts vides. « Aubam' » n'a plus qu'à pousser au fond des filets. Le numéro 5 merengue se tient la tête entre les mains. Il peut regretter cette erreur, qui permet aux Allemands de revenir à un partout. À la 68e minute de jeu, Toni Kroos tire un corner au premier poteau. Cristiano Ronaldo remet dans la boîte pour Karim Benzema, dont la reprise s'écrase sur le poteau puis la barre. Raphaël surgit comme un renard des surfaces pour redonner temporairement l'avantage aux siens. Le match se termine sur le score de 2-2 et le Real signe un troisième nul consécutif, ce qui déplaît tant aux *socios* qu'à la presse. Comme le score, les avis sur la prestation du défenseur français sont partagés : d'un côté, on vante les qualités qu'il a affichées dans une rencontre âpre, sa capacité à remporter un sprint face à Aubameyang, à museler Ousmane Dembélé et à régner dans les airs.

D'un autre côté, on note que l'ancien Lensois n'est pas toujours à son meilleur niveau. On l'accuse de manquer de régularité et ne pas réussir à enchaîner deux matchs de haut niveau. Et c'est un vrai problème pour un joueur qui prétend à une place de titulaire au sein de la défense du Real Madrid. Varane fera très vite taire toutes les critiques : le Français devient un taulier du Real et enchaîne les matchs, tant en Liga qu'en C1. Le 15 octobre à Séville, contre le Betis, il inscrit son deuxième but de la saison. Après la rencontre, il dira : « C'est toujours un plus pour l'équipe quand un défenseur est capable de marquer. On a de bons joueurs de tête et la possibilité de faire mal sur coups de pied arrêtés. Je travaille pour m'améliorer et j'espère continuer à marquer. » Aussitôt dit, aussitôt fait. Il remet ça le 22 novembre à Lisbonne, en Ligue des champions face au Sporting. Coup franc de Luka Modrić, Cristiano Ronaldo reprend de volée dans la surface. Son tir est contré, mais Rafa est le plus rapide pour se retourner et tromper, du gauche, Rui Patrício. Un autre Français, Benzema, parachève le travail avec le but du 2-1, synonyme de qualification pour les huitièmes de finale. Sept jours plus tôt, Raphaël s'était offert une petite cure de jouvence : « Les années passent, mais je n'oublie pas ! Retour à Bollaert avec le maillot bleu et un énorme plaisir de rejouer devant le public lensois », écrit le défenseur sur Twitter à la veille du match amical contre la Côte d'Ivoire qui se joue dans son ancien jardin. Et dans un entretien au *Parisien*, il déclare : « J'attendais ce moment depuis si longtemps. J'ai grandi ici, j'ai ma famille ici. Ce match à Lens, c'est une bonne manière de me souvenir de ce que j'ai traversé depuis que je suis parti d'ici en 2011. » Il disputera quarante-cinq minutes d'une rencontre sans histoire (score final 0-0), mais néanmoins chargée d'émotion pour le Madridista. La fin d'année est mitigée pour le défenseur, entre mauvaise nouvelle et nouveau trophée. En rentrant de Dortmund le 8 décembre, Raphaël découvre que sa villa, dans le quartier luxueux d'Encinar de Los Reyes, a été cambriolée. Entre les bijoux, les montres, les vêtements et les liquidités, les voleurs ont emporté un butin de plus de 70 000 euros. Avant de partir, le joueur avait oublié de rallumer l'alarme. Dix jours plus tard, à Yokohama, le Real s'offre le Mondial des clubs. Mais la compétition n'est pas une promenade de santé pour les Espagnols : en finale, les Japonais de Kashima Antlers ne lâchent rien et poussent les Blancos en prolongations. C'est le moment choisi par CR7 pour sortir de sa boîte et inscrire deux nouveaux buts et sceller la victoire 4-2.

L'année 2017 s'ouvre sur un but et une accolade. Le 4 janvier, pour l'aller des huitièmes de finale de Coupe du Roi contre Séville, Raphaël reprend victorieusement un centre de Kroos à la demi-heure du jeu pour le but du 2-0. Il court alors vers le banc et se jette dans les bras de Zidane. En zone mixte, il s'explique : « J'ai voulu partager l'émotion et le but. Je lui dois bien ça parce qu'il m'a beaucoup appris. Il m'a transmis son expérience, il m'a aidé à grandir et à m'améliorer. »

Toutefois, le mois de janvier sera fatal aux ambitions du Real dans la compétition : le 25, le Celta élimine la bande à Cristiano grâce à une victoire à Bernabéu suivie d'un nul sur sa pelouse. Zidane avait laissé l'international tricolore, indisposé avec son genou, au repos.

Après une courte pause, le défenseur français reprend du service quatre jours plus tard face à la Real Sociedad en championnat. Il enchaîne avec trois autres rencontres, dont le huitième de finale aller de Ligue des champions contre Naples, avant de retourner à l'infirmerie. Au Mestalla, lors d'une rencontre remportée 2-1 par Valence, il sort du terrain à la 73e minute. Tout semble indiquer qu'il s'agit d'un choix tactique, puisque le Français a commis deux erreurs qui ont coûté deux buts et a récolté un jaune pour une intervention trop rugueuse sur José Gayà, mais en conférence d'après-match, Zidane explique : « Le garçon avait des problèmes, c'est pour ça que je l'ai remplacé par Nacho. » Les examens préliminaires évoquent une lésion musculaire de second degré au biceps fémoral droit. Le communiqué du club ne précise pas la durée d'indisponibilité de Varane. Il faudra attendre un mois et demi pour le revoir fouler les pelouses, mais il faut dire que sa convalescence a été égayée par la naissance de son fils, Ruben. Le 9 mars, c'est un Rafa tout sourire qui le présente sur Instagram et qui reçoit, en l'espace de quelques heures, plus de 50 000 « likes ». Sur le terrain, le Français fait son retour le 2 avril à domicile contre Alavés. Entre-temps, il a donc raté cinq journées de Liga, le retour de C1 contre Naples et deux matchs internationaux (contre le Luxembourg pour les éliminatoires du Mondial et contre l'Espagne en amical). Il en ratera encore six autres : après seulement onze minutes de jeu contre Alavés, sa blessure se réveille et il doit déjà quitter ses partenaires. « J'espère que ce n'est rien de grave et que ce n'est pas un problème psychologique, indique Zidane. Il a eu le temps de se soigner et était convaincu d'être prêt à rejouer. » Mais il se trompait, et cette fois, la blessure est sérieuse. Raphaël Varane, qui avait jusque-là disputé 32 rencontres pour un total de 2 732 minutes (quatrième joueur le plus utilisé), saute quatre journées de Liga, dont le derby contre l'Atlético et le *Clásico* contre le Barça, sans oublier les quarts de finale de C1 contre le Bayern. La presse se met à spéculer et certains observateurs estiment que le Français n'est plus à 100 % depuis sa première blessure au ménisque en 2013. Zidane lui accorde une confiance indéfectible et ses prestations sur le terrain sont indiscutables, mais beaucoup regrettent que le numéro 5 ne parvienne pas à être régulier.

Les doutes s'évanouissent en mai, quand Rafa est à nouveau disponible et présent sur les feuilles de match. Il dispute les cent quatre-vingts minutes des demi-finales de Ligue des champions contre l'Atlético, puis les trois derniers matchs de Liga. Le dimanche 21 mai, pour la 38e et dernière journée de championnat sur la pelouse de Málaga, le Real décroche son 33e titre de champion d'Espagne. Le samedi 3 juin, au Millennium Stadium de Cardiff, les Madrilènes disputent la finale de C1 contre la Juventus. À seulement 24 ans, Rafa joue déjà sa troisième finale de Coupe des champions avec le maillot blanc, sa seconde comme titulaire. Et pour la troisième fois, il est sacré champion d'Europe. Los Blancos s'imposent grâce à un doublé de Ronaldo, un but de Casemiro et un dernier de Marco Asensio.

La Juve de Massimiliano Allegri et Gianluigi Buffon s'incline 4-1. Au passage, l'enfant d'Hellemmes dépasse le record de précocité d'un autre Italien, Paolo Maldini, ancien joueur de l'AC Milan, en devenant le plus jeune défenseur de l'histoire à remporter trois Ligues des champions. Quand *France Football* le lui fait remarquer, le Français répond : « Les records ne sont pas une obsession, même s'ils sont la preuve que tu fais bien ton travail. » Moins d'un an plus tard, le 26 mai 2018, à Kiev, la scène se répète : le Real bat le Liverpool de Jürgen Klopp et Mohamed Salah sur le score de 3-1 et empoche sa troisième coupe aux grandes oreilles d'affilée, la treizième de son histoire. Ce succès vient couronner une saison 2017-2018 au cours de laquelle Raphaël Varane devient enfin un titulaire indiscutable. À l'été 2017, Pepe, dont le contrat n'a pas été prolongé, part en Turquie, au Besiktas. La septième saison madrilène du Nordiste commence une nouvelle fois avec des titres : la Supercoupe de l'UEFA et la Supercoupe d'Espagne. Le 8 août, le Français retrouve à Skopje son premier entraîneur au Real, José Mourinho. Celui qui avait tout fait pour l'enrôler à Manchester United passe une mauvaise soirée à l'Arena Philip II : le Real s'impose grâce à des buts de Casemiro et d'Isco et égale l'AC Milan, seule autre équipe à avoir glané cette coupe deux ans de suite. La deuxième consécration arrive huit jours plus tard : dans le double affrontement contre Barcelone en Supercoupe d'Espagne, les hommes de Zidane s'imposent 3-1 au Camp Nou et scellent leur victoire avec un 2-0 net et sans bavure à Bernabéu. La nouvelle saison se présente sous les meilleurs auspices en attendant la

Coupe du monde 2018 en Russie, et l'avenir de Raphaël à Madrid s'annonce brillant. Le 28 septembre, Rafa prolonge une deuxième fois son contrat avec la Maison blanche, cette fois jusqu'au 30 juin 2022. Accompagné d'Emilio Butragueño, directeur des relations institutionnelles du club, il se présente en costume noir et chemise blanche dans la salle de presse de Bernabéu pour répondre aux questions des journalistes : « Quels rêves avez-vous réalisés à Madrid et que vous reste-t-il à accomplir ? » « Mon histoire avec le Real est déjà très belle, mais je veux qu'elle soit fantastique, annonce-t-il. J'ai pris beaucoup de plaisir et j'ai l'intention de continuer sur cette voie, de profiter de ma chance de jouer au Real. J'espère gagner d'autres titres et donner le maximum pour ce maillot. » Bien que Rafa n'ait que 24 ans, les journalistes espagnols évoquent déjà sa fin de carrière, pourquoi pas à Madrid. Le défenseur répond sans hésiter : « Ce serait extraordinaire. C'est la plus belle chose dont je puisse rêver. J'ai signé un contrat de cinq ans, j'aurais 29 ans à la fin. Ce serait pas mal d'être le joueur d'un seul club. » Les questions pleuvent sur Zidane, Cristiano Ronaldo, ses blessures, les départs de James, Morata ou Pepe. Mais aussi sur la sélection française, qui a encore deux matchs à jouer pour se qualifier au Mondial. Le 10 octobre 2017, les Bleus valident leur billet pour la Russie. Les buts d'Antoine Griezmann et Olivier Giroud contre la Biélorussie permettent à la France de prendre la première place du Groupe A. La sélection de Deschamps n'est pas très convaincante, mais il y a encore du temps avant la Coupe du monde.

Le 6 décembre, pour la dernière journée de la phase de groupes de Ligue des champions contre le Borussia Dortmund, Rafa est en délicatesse avec ses muscles et doit quitter le terrain. Il manque le match de Liga contre Séville, mais il est du déplacement pour la Coupe du monde des clubs à Abu Dhabi. En demi-finale, le Real écarte Al-Jazira 2-1, mais le numéro 5 est à côté de ses pompes. Il ne réussit rien et se fait manger par les attaquants adverses. La presse espagnole ne tarde pas à affirmer qu'en l'absence de Ramos, le Français n'est pas serein et n'assume pas ses responsabilités. Les critiques sévères se transforment en louanges à peine trois jours plus tard : le 16 décembre, en finale contre Grêmio, Rafa se montre sous son meilleur jour. Il signe un grand match, ponctué par une présence physique et une élégance rares, notamment sur ses deux montées et sa roulette à la Zidane, qui lui vaut les applaudissements du stade. Au bout des quatre-vingt-dix minutes, les Espagnols s'imposent grâce à un but de l'inévitable Cristiano Ronaldo et soulèvent la coupe pour la deuxième année de suite.

Le 19 mai, Le Real boucle sa Liga 2017-2018 avec un nul sur le terrain de Villarreal. Au classement, la Maison blanche est troisième. Loin, très loin (17 points) du champion barcelonais. Sur les 38 journées de championnat, Rafa en a disputé 27, pour un total de 2 323 minutes. Il n'a joué qu'un match de Coupe du Roi, quand le Real a été éliminé à la surprise générale par Leganés en quarts. En Ligue des champions, en revanche, il n'a raté que deux rencontres : la première contre l'APOEL et la quatrième du Groupe H contre

Tottenham, en raison d'une gêne musculaire. En quarts contre la Juventus et en demies contre le Bayern, il répond présent, de même que ce soir du 26 mai, pour la grande finale contre Liverpool. Il décroche alors sa quatrième Coupe des champions, son quinzième titre avec le Real. Et la saison n'est pas finie : la Coupe du monde approche.

16

Destin céleste à Nijni-Novgorod

Il ne manquait plus que lui. Le 29 mai 2018, Rafa est le dernier des 23 sélectionnés à rejoindre les Bleus dans leur camp de base de Clairefontaine, à une cinquantaine de kilomètres au sud-ouest de Paris. Évidemment, à son arrivée au château de Montjoye, il est chaleureusement félicité. « Bravo Rafa, quel palmarès ! » Joueurs et staff de l'équipe de France se pressent autour du défenseur central comme on peut le faire lors d'une cérémonie pour un jeune marié. « Champion d'Europe… et bientôt champion du monde ! » balance sur le ton de la rigolade l'un de ses partenaires avant de rejoindre le grand escalier qui mène aux chambres. Il a raison : le Madrilène est ambitieux. Il n'a pas laissé à la maison sa femme Camille et le petit Ruben, un an et demi, pour venir faire de la figuration. Il a encore en mémoire l'élimination quatre ans auparavant au Brésil en quarts de finale contre l'Allemagne. Il n'a pas oublié non plus la vilaine blessure à la cuisse qui l'avait privé de la fête en France lors de l'Euro 2016. À 25 ans, il n'est plus le jeune débutant qui s'était fait flouer par Mats Hummels au Maracanã. Il a grandi, s'est aguerri et est devenu logiquement au fil des saisons l'un des piliers de cette sélection bleu-blanc-rouge en partance pour la Russie.

« Cette équipe de France lui a manqué, c'est sûr, raconte un proche des Tricolores. Malgré tous les titres remportés avec le Real Madrid, la sélection reste à part pour un footballeur de sa trempe, surtout pour une Coupe du monde. Ce voyage en Russie était donc une belle occasion de rattraper le temps perdu et refermer une fois pour toutes la cicatrice du quart de finale perdu contre l'Allemagne. »

Nijni-Novgorod ! Ce n'est pas le nom de code des Bleus pour cette campagne russe, mais bien la Terre promise pour Raphaël Varane. Pas sûr que le Nordiste ait déjà entendu parler de la cinquième ville du pays avant le tirage au sort de la Coupe du monde, et qu'il soit en mesure de la placer sur une carte, à 400 kilomètres à l'est de Moscou, dans la partie orientale de la Russie européenne, au confluent du plus grand fleuve d'Europe, la Volga, et de la rivière Oka. Pourtant, c'est bien dans cette ville de plus d'un million d'habitants qu'il va connaître l'un des plus intenses moments de sa carrière, dans l'arène blanc et bleu de 45 000 places bâtie spécialement pour accueillir six matchs de la Coupe du monde 2018 : quatre rencontres de poules, un huitième de finale et un quart de finale.

Avant le 6 juillet 2018, le Nijni-Novgorod Stadium a déjà vécu de belles soirées, offrant aux yeux du monde entier la renaissance des Three Lions lors d'un carton mémorable (6-1) de l'Angleterre devant le Panamá, ou encore la passation de pouvoir entre la pâle Argentine de Leo Messi et l'éclatante Croatie de Luka Modrić (0-3). L'enceinte a d'ailleurs donné des idées à la sélection aux Damiers rouge et blanc, puisque c'est encore ici que les Croates ont éliminé le Danemark le 1er juillet en huitièmes de finale au bout d'une séance de tirs au but.

Pendant ce temps, les Bleus ont tracé leur route à plusieurs centaines de kilomètres de là, soufflant le chaud et le froid durant leurs quatre premiers matchs de la Coupe du monde. Le groupe de Didier Deschamps s'est montré tout d'abord décevant en phase de groupes, malgré une première place finale dans la poule C : victoire à l'arraché 2-1 en ouverture contre l'Australie à Kazan le 16 juin, succès sur le fil face au Pérou à Iekaterinbourg cinq jours plus tard, et match nul 0-0, triste et déroutant, face au Danemark au stade Loujniki de Moscou le 26 juin. Rafa a participé à l'intégralité de ces trois rencontres et a été l'un des rares joueurs épargnés par les critiques, livrant, malgré la pâle production de sa sélection, des prestations toujours aussi abouties.

« Il a été le meilleur Français contre l'Australie, note un suiveur des Bleus. Il a d'ailleurs eu la meilleure note du match. Il a ensuite été fidèle à lui-même lors des deux rencontres suivantes, en se montrant toujours aussi serein et déterminé. Si l'on veut être tatillon, on peut lui reprocher une erreur de relance face au Pérou et aussi un manque de prise de risques face au Danemark, mais c'est quasiment tout. Dès la phase de poules, on a compris qu'il serait le patron de la défense et un cadre incontournable de l'équipe durant la compétition. »

Lors de ce premier tour, le Madrilène a affiché son talent et son expérience sur le terrain, et il n'a pas hésité non plus à jouer de son capital sympathie auprès des journalistes français pour demander publiquement leur soutien : « On parle souvent plus des choses négatives dans la presse alors que nous, on insiste sur le positif. Si vous pouviez être plus positif, ce serait cool », a-t-il demandé avec le sourire en conférence de presse.

Le soutien populaire viendra naturellement en huitièmes de finale lorsque les compagnons du quadruple vainqueur de la Ligue des champions livreront l'un des plus beaux matchs du tournoi. Le France-Argentine du 30 juin à Kazan donnera lieu à une explication hors catégorie débouchant sur une succession de rebondissements : la folle course de Kylian Mbappé provoquant un penalty transformé par Antoine Griezmann, l'égalisation d'Ángel Di María sur une énorme frappe des 25 mètres, le deuxième but argentin de Mercardo dès les premières minutes de la seconde période, le retour au score des Bleus sur une demi-volée improbable de Benjamin Pavard, et le doublé en quatre minutes de Kylian Mbappé assurant le succès des siens malgré un dernier but d'Agüero : 4-3. Complètement fou !

Un défenseur sort rarement indemne lorsque le spectacle et le jeu offensif prennent le pas sur la mise en place tactique. Mais, malgré les trois buts encaissés et une mauvaise appréciation du ballon sur la tête d'Agüero, le Madrilène a encore fait le « boulot », usant de sa vitesse, de sa rigueur et de son sens du placement pour couper court le plus souvent aux velléités des compagnons de Leo Messi.

« Après la qualification contre l'Argentine, on n'a quasiment entendu parler que du but exceptionnel de Benjamin Pavard et de la prestation de très haut niveau de Kylian Mbappé, explique un membre du staff. Pourtant, en interne, tout le monde avait été bluffé par le match de Rafa. Il avait dégagé une telle facilité et une telle aisance qu'il semblait au-dessus de la mêlée. Cette sérénité était d'ailleurs en train de se propager à l'ensemble du groupe et c'était une bonne nouvelle au moment de retrouver l'Uruguay en quarts de finale. C'était le match piège par excellence face à un adversaire qui historiquement ne nous a jamais vraiment bien réussi [la dernière victoire de la France remontait à 1985] et qui allait nous emmener dans un match de combattants où les duels aériens joueraient un rôle prépondérant. »

Avec son mètre quatre-vingt-onze, Rafa a des arguments à faire valoir dans ce compartiment de jeu. D'autant qu'il connaît bien la charnière centrale adverse composée de deux joueurs de l'Atlético de Madrid : le roublard vétéran, Diego Godín, et son jeune lieutenant, un adepte du jeu dur, José Giménez.

Le 6 juillet 2018, il sait donc à quoi s'attendre lorsqu'il déboule enfin sur le rectangle vert du Nijni-Novgorod Stadium. Pour une fois, la France joue dans une tenue intégralement blanche. Cela lui rappelle les grands matchs sous le maillot du Real Madrid... Un rapide regard sur le onze adverse pour avoir la confirmation que la Celeste est bien privée de son meilleur buteur, Edinson Cavani, sorti sur blessure en huitièmes de finale. Un autre vers les tribunes, en direction des proches et du millier de supporters français. Il est déterminé à aller chercher cette place dans le dernier carré de la Coupe du monde.

Les premières minutes confirment les craintes d'avant-match. L'Uruguay est solide, bien organisée et décidée à ne lâcher aucun espace aux Français. Rafa se jette dans le combat. Malgré une rapide perte de balle, il se reprend vite et s'en va livrer quelques duels sous le ballon avec Giménez et Godín. Bonne nouvelle, il tient le choc.

Mais cette fois, il faudra en faire plus pour espérer poursuivre l'aventure, car, devant, les attaquants français peinent à faire la différence. Giroud, Mbappé et Griezmann sont marqués de près. Il va falloir aller leur prêter main-forte et pourquoi pas sur ce coup de pied arrêté ? À l'approche des cinq dernières minutes de la première période, Corentin Tolisso vient en effet d'obtenir un coup franc à 25 mètres sur le côté droit de la surface uruguayenne. Le milieu de terrain du Bayern Munich tarde à se relever après la lourde charge de Rodrigo Bentancur, averti logiquement d'un carton jaune... Cela laisse le temps à Antoine Griezmann de positionner son ballon et aux joueurs français de venir se placer dans la mêlée à l'entrée de la surface de réparation. Rafa est dans le « paquet », à l'affût avec Pogba, Umtiti et Giroud. Ce n'est pas forcément un buteur dans l'âme, mais il a déjà connu à deux reprises le bonheur de marquer en équipe de France lors de matchs amicaux face à la Suède et au Brésil lors de la saison 2014-2015. Alors pourquoi pas une troisième fois cet après-midi...

Les mains sur les hanches, Antoine Griezmann s'élance enfin. L'attaquant français marque un léger temps d'arrêt dans sa course, comme pour déstabiliser la défense adverse, puis repart aussi vite et brosse le cuir avec son pied gauche en direction du point de penalty... Rafa est dans le bon tempo : alors que le ballon s'approche, il parvient à passer devant son garde du corps, Cristhian Stuani, pour venir placer une tête croisée qui trompe Muslera. « BUT DE VARANE ! s'exclame le commentateur. Quelle histoire incroyable. Quatre ans après le cauchemar du Maracanã, le défenseur du Real Madrid vient de prendre sa revanche de la plus belle des manières et d'ouvrir la voie des demi-finales à l'équipe de France. »

Rafa ne sait plus où donner de la tête. Il saute comme un gamin alors que dans les tribunes les drapeaux bleu-blanc-rouge s'agitent. Les émotions se bousculent : il y a la joie bien sûr, la détermination et aussi l'énergie d'une vraie libération. « Ceux qui le connaissent ne l'avaient jamais vu dans cet état-là, assure son ancien entraîneur, Georges Tournay. Lui qui est habituellement si discret et réservé a, pour une fois, laissé totalement libre cours à ses émotions. Inconsciemment, il avait sûrement encore ce poids de l'erreur commise contre l'Allemagne quatre ans plus tôt. Et comme un signe du destin, après avoir été le fautif, il devenait le héros, celui qui allait qualifier son équipe. »

En seconde période, Griezmann a mis les Bleus définitivement à l'abri (2-0). La France est en demi-finales de la Coupe du monde. Le numéro 4 français jubile au moment de livrer ses premiers mots à la télévision française : « J'ai dit à Antoine [Griezmann], juste avant le coup franc, de me la mettre à cet endroit-là. Il me l'a mise parfaitement. Ça a payé. C'est de la joie à l'état pur. C'est magnifique. C'est que des émotions, c'est difficile à décrire car j'attendais ce but depuis très longtemps. C'est ce que je me suis dit tout au long de la saison, que ça viendrait à un moment important. C'est venu en quarts de finale de la Coupe du monde. Tant mieux. Il ne faut pas baisser les bras. »

Croire en son destin et en sa bonne étoile... Rafa a su être patient et attendre le bon moment pour venir placer ce coup de tête rageur.

L'ancien Lensois savourera d'ailleurs cet instant de grâce en restant quelques instants supplémentaires sur la pelouse de Nijni-Novgorod. Ici, au confluent de la Volga et de la rivière Oka, il vient de vivre l'un des plus forts moments de sa carrière.

17
Un dimanche en Martinique

Ce n'est pas un dimanche comme les autres. La finale de la Coupe du monde réunit tous les quatre ans plus d'un milliard de fidèles devant leur poste de télévision. Évidemment, ce jour béni des amateurs de football prend une dimension supplémentaire si l'on vit dans l'un des deux pays encore en lice pour le titre suprême. Qu'importe alors, qu'on aime ou non le ballon rond. On ne peut pas y échapper : la ferveur gagne les rues, les drapeaux sont accrochés ici et là en signe de soutien et de fierté, et les langues se délient pour évoquer lors de conversations futiles des joueurs dont certains étaient encore inconnus trois semaines plus tôt. La Coupe du monde unit les peuples et les familles…

Depuis le coup d'envoi de la compétition, Gaston Varane a du mal à dormir. Le papa de Rafa vit par procuration et à distance les exploits du fiston. L'homme au visage rond et à la moustache épaisse s'est refusé à faire le voyage en Russie pour ne pas mettre de pression supplémentaire au défenseur du Real Madrid. Il a choisi de vivre ce précieux moment dans son petit village du Morne-Rouge avec ses parents (88 et 93 ans), son frère Ventura et son dernier fils, Jonathan, qui est en vacances en Martinique après avoir bouclé sa saison en U17 Nationaux avec le Racing Club de Lens. Il y a aussi pas mal de cousins et d'amis qui s'invitent pour les rencontres… Un été tranquille ? Pas forcément, car depuis le but de Rafa contre l'Uruguay, le téléphone ne cesse de sonner et les journalistes insistent pour recueillir la réaction des proches. Jonathan n'a pas trop à se faire prier pour évoquer l'exploit de son demi-frère : « À la maison avec papa, on a tous crié de joie après ce but. Ce fut la clé de la victoire finale. »

C'est ensuite au tour de Gaston, bien calé dans un fauteuil en osier, d'exprimer sa fierté au journaliste de *France Antilles* : « Ce fut une explosion de joie, un grand bonheur difficilement exprimable d'avoir vu mon fils marquer son premier but en Russie. Mon bonheur est de l'intérieur, j'ai du mal à l'extérioriser, j'ai l'impression de lire un livre de contes. J'attends la suite de la lecture, page après page… »

Du coup, il reste encore deux chapitres à écrire pour que l'histoire soit complète ; deux succès à remporter pour que la nouvelle génération imite les aînés de 1998 qui avaient terrassé le Brésil 3-0 en finale au Stade de France. Des héros que Rafa a appris à connaître : il y a Zidane, son coach au Real Madrid, Didier Deschamps, le sélectionneur, ou encore Thierry Henry, unique représentant de la Martinique à avoir eu la chance de soulever le précieux trophée en or massif et qui se présente face à lui en demi-finale sous la casquette de sélectionneur adjoint de la Belgique.

Le 10 juillet, toute la famille Varane a encore les yeux rivés sur le grand écran, décidée à ne perdre aucune miette de la partie contre les Diables rouges. De l'autre côté de l'Atlantique, à 8 500 kilomètres des Caraïbes, Rafa s'apprête à défendre chèrement la cage des Bleus face à un adversaire redoutable emmené par ses trois stars : Eden Hazard, Kevin De Bruyne et Romelu Lukaku. Évidemment, la pression est énorme. Il y a quand même en jeu une place en finale de la Coupe du monde.

Après les éloges qui ont suivi son but déterminant contre l'Uruguay, Rafa n'a pas envie de décevoir… Les premiers ballons sur la pelouse de Saint-Pétersbourg confirment que le défenseur du Real Madrid est encore dans un grand jour. Les Belges peinent à exprimer leur potentiel offensif si souvent déterminant depuis le début du tournoi. Rafa ne fera de cadeau à personne, pas même à Eden Hazard, son ancien voisin à Hellemmes, où la star de Chelsea avait élu domicile lorsqu'il lançait sa carrière professionnelle à Lille : à la 15e minute justement, le feu follet belge est lancé dans l'espace par De Bruyne… Rafa intervient. Quatre minutes plus tard, Hazard parvient à armer sa frappe, le ballon prend le chemin des buts… Mais il trouve encore sur sa route Raphaël Varane qui, du haut du crâne, détourne la balle juste au-dessus de la cage de Lloris !

Rafa est partout, même sur le côté droit où il vient prêter main-forte à Benjamin Pavard lorsque celui-ci est dépassé… L'ancien Lensois dégage une telle sérénité que cela donne des idées à ses compères de la défense : à la 51e minute, Samuel Umtiti vient couper un corner de Griezmann pour tromper Thibaut Courtois d'une tête décroisée. BUT ! Rafa se jette dans les bras du Barcelonais. 1-0 ; la finale lui tend les bras. Alors, pour conserver ce petit but d'avance, il est de tous les combats jusqu'au coup de sifflet libérateur : dégagement de la tête devant Lukaku, jaillissement face à De Bruyne et tacle parfait devant Hazard. Une dernière intervention et les Bleus sont en finale. Même si cette fois, il n'a pas marqué, Rafa est élu « homme du match » sans discussion possible. Le quotidien *L'Équipe* lui octroie la note de « 8 », tandis que d'autres lui déroulent le tapis rouge : « C'est le patron de cette défense des Bleus. Toujours aussi solide, il a été au charbon et a gagné de nombreux duels aériens. Il a fait un véritable match de titan. »

Commentaires futiles et flatteries inutiles lorsque, derrière, il y a encore une finale de Coupe du monde à jouer… Rafa redoute l'excès de confiance. Il connaît trop bien ces dangers pour sortir de sa bulle. Le Madrilène semble d'ailleurs rester presque imperméable aux chants des 3 000 supporters tricolores qui accompagnent cette qualification dans les tribunes de Saint-Pétersbourg. Il préfère aussi ne pas trop en savoir sur la ferveur qui gagne les villes et les campagnes françaises. Pourtant, ils sont nombreux derrière lui à soutenir son parcours depuis le début de la compétition : à Hellemmes bien sûr, mais aussi à Liévin, Lens ou Madrid. Derrière leur écran de télévision, les amis, la famille et les anonymes qui ont fait un bout de chemin à ses côtés vibrent à chacune de ses sorties, accompagnent ses interventions, croisent les doigts pour que la partie s'achève comme face à la Belgique, et se surprennent à crier, fort comme lui, au coup de sifflet final. En Martinique, dans le petit village du Morne-Rouge, on a bien sûr vécu intensément cette demi-finale. On a chanté, levé les bras sur le but d'Umtiti, puis on s'est longuement embrassés avant de se donner rendez-vous pour le grand jour !

Dimanche 15 juillet, il est à peine 10 heures en Martinique. Comme souvent à cette époque de l'année, le ciel est blanc au-dessus de la montagne Pelée. Il est même chargé ce matin et une pluie fine s'abat sur le quartier de Fond-Guillet au Morne-Rouge. À une heure du coup d'envoi, l'ambiance est déjà joyeuse dans la petite maison de l'oncle Ventura. Les parents n'ont eu aucun mal pour une fois à faire lever les enfants. Les garnements ont pris les meilleures places, juste devant l'écran de télévision. Au total, une trentaine de personnes, proches, amis et journalistes, sont confinées dans le salon et sur la terrasse abritée.

Il est assez facile d'imaginer l'ambiance qui se dégage dans la petite pièce au moment de l'entrée des deux équipes sur la pelouse du stade Loujniki de Moscou. Il est 18 heures en Russie, 11 heures sur l'île aux fleurs. « Vas-y Rafa, on est avec toi ! » lance une jeune fille lorsque l'enfant du pays apparaît en gros plan à l'écran dans le brouhaha et l'excitation générale.

Pas sûr pourtant que sa voix porte jusqu'en Russie. Le numéro 4 des Bleus a fermé les écoutilles. Il n'a qu'un objectif : aller chercher la victoire et soulever la coupe au bout des quatre-vingt-dix minutes. Avant le match, il s'est adressé à ses partenaires : « Les gars, on va faire quelque chose d'historique, d'énorme, qui va nous lier à vie. » Rafa n'est pas du genre à parler pour ne rien dire. Il est avant tout un leader de terrain et un joueur qui joint le geste à la parole.

Face à la Croatie, invitée surprise de cette finale après son succès 2-1 sur l'Angleterre, son jeu de tête sera déterminant en première période. À la 5e minute, son mètre quatre-vingt-onze est déjà précieux pour renvoyer un premier centre dangereux de Vrsaljko. Efficace Rafa, comme d'habitude. Treize minutes plus tard, il est cette fois aux avant-postes sur un coup franc d'Antoine Griezmann, copie conforme de celui face à l'Uruguay. Rafa s'élève au point de penalty… Cette fois, il est trop court pour couper la trajectoire, mais Mario Mandžukić, placé juste derrière lui, est surpris et l'attaquant de la Juventus Turin détourne le ballon de la tête dans ses propres buts. Une ouverture du score heureuse pour les Bleus qui étaient en grande difficulté depuis le début de la rencontre.

Au Morne-Rouge, les murs ont tremblé d'autant plus qu'ils étaient quelques-uns à avoir cru voir Rafa marquer. « Pas grave, on mène 1-0 », tempère un adolescent lorsque le ralenti confirme l'erreur de Mandžukić. Gaston n'a pas été le dernier à crier. En revanche, sur l'égalisation croate à la 26e minute sur une frappe de Perišić effleurée par son fils, il reste bien enfoncé dans son fauteuil : 1-1. « Tout est à refaire. » Mais à la 38e minute, son visage s'illumine à nouveau. Penalty pour les Bleus ! Perišić a renvoyé de la main une reprise de Matuidi.

« Allez les Bleus, mouillez le maillot, car celui qui ne le mouille pas ne remporte pas la Coupe du monde ! » entonne en chœur une partie de l'assemblée alors qu'Antoine Griezmann redonne l'avantage à la France en prenant le gardien croate, Danijel Subašić, à contre-pied. Rafa est le premier à venir enlacer le buteur de l'Atlético de Madrid.

Alors qu'à Moscou, Didier Deschamps profite de la pause pour recadrer ses joueurs qui s'en sortent bien avec cet avantage de 2-1, au Morne-Rouge, certains adultes trinquent déjà à la future victoire des Bleus. Pas Gaston : « Ça va être dur », confie-t-il à une journaliste, tout en partageant ses sentiments. « C'est incommensurable ce que je ressens. J'ai l'impression que tout cela est irréel. »

On imagine l'émotion qui l'envahit en seconde période lorsque Paul Pogba puis Kylian Mbappé portent le score à 4-1. Même avec la réduction du score de Mandžukić, la messe est dite. Les Bleus, la France, la Martinique, son fils... sont champions du monde !

« Qu'est-ce que vous aimeriez dire à Raphaël ? » questionne la journaliste. « Un grand bravo. Je suis très fier de lui. Son sérieux a payé », répond simplement Gaston, avant de lâcher sa petite larme.

Dans le jardin, une fanfare s'est formée autour des chants et des drapeaux bleu-blanc-rouge que l'on agite fièrement. Un peu plus loin, Germaine, la grand-mère de 93 ans, savoure son bonheur en dansant...

En toute simplicité, comme son petit-fils Rafa qui court dans tous les sens sur la pelouse du stade Loujniki : il tombe dans les bras de ses partenaires, enlace son sélectionneur, remercie les supporters et embrasse ses proches. Avec son fils, il posera quelques minutes plus tard pour la postérité : Ruben sur le bras droit et la Coupe du monde dans la main gauche... À chacun sa manière de fêter ce dimanche historique.

18

La ruée vers l'or

Champion du monde et vainqueur de la Ligue des champions la même année, il y a de quoi vous changer un homme. D'autant que la folle soirée du 5 juillet 2018 a été suivie d'une immense célébration : la descente des Champs-Élysées en bus à impériale devant des centaines de milliers de supporters agitant les couleurs bleu-blanc-rouge, la réception au palais de l'Élysée avec les félicitations du président de la République française, Emmanuel Macron, et une place de choix dans cet hommage national aux côtés des Mbappé, Griezmann, Pogba et N'Golo Kanté. Son rôle de patron sur le terrain et son implication dans le projet de Didier Deschamps ont suffi à séduire le grand public.

« Rafa est le symbole parfait de l'individualité qui se met au service du collectif. Cette notion de groupe a d'ailleurs été la clé de la réussite de l'équipe de France. Elle n'a pas été la plus fringante de la compétition, mais elle a su mettre en place un plan de jeu et s'y tenir », analyse son ancien entraîneur en U19 au RC Lens Éric Assadourian. « Rafa a eu un rôle essentiel dans le vestiaire tout au long du tournoi », confirme en off un membre du staff des Bleus. « Avant chaque match, il allait voir ses partenaires pour échanger sur la manière d'attaquer, de défendre ou de se comporter. Avant France-Belgique, il a notamment beaucoup parlé avec Paul Pogba pour trouver une façon de bloquer Eden Hazard. »

« Rafa a toujours été un leader naturel sur le terrain, reprend Éric Assadourian. Mais sa réussite avec le Real Madrid lui a sans doute donné une confiance supplémentaire. Durant cette Coupe du monde, c'était un peu le grand frère et le lien entre les jeunes et les plus anciens. Son influence au sein de cette équipe n'a certainement pas été perçue à sa juste valeur. »

Pourtant, les trophées parlent pour lui. Avec quatre trophées de Ligue des champions et une Coupe du monde sur la cheminée, Rafa possède, à 25 ans, l'un des plus beaux palmarès du football français. Il peut désormais s'asseoir à la table des grands et revendiquer légitimement une part du gâteau au moment des récompenses individuelles. Longtemps placé dans l'ombre de Sergio Ramos au Real Madrid, le Madrilène est décidé à faire valoir son nouveau statut : « Parfois, on me demandait de jouer comme Ramos, de jouer comme un autre, d'être plus agressif, d'être plus ceci, plus cela… Alors que j'ai mon style de jeu et ça ne m'a pas trop mal réussi jusqu'à présent », clame-t-il dans un entretien accordé à *L'Équipe* une dizaine de jours après le succès sur la Croatie. « On a trop voulu me changer. Et ça m'énerve. Est-ce qu'on demande à Ramos d'être quelqu'un d'autre ? On le prend comme il est. Et moi, aujourd'hui, on me prend comme je suis. C'est une fierté sur cette Coupe du monde, on m'a, entre guillemets, accepté comme je suis. »

Rafa évolue en effet dans un tout autre registre que l'international espagnol. Il n'est pas le style de défenseur rugueux qui se nourrit des duels. Il n'est pas non plus un aboyeur ou un manipulateur. Comme l'a très vite perçu Zinédine Zidane, il s'inscrit plutôt dans la lignée de son compatriote Laurent Blanc, que ses coéquipiers surnommaient à juste titre « le Président » lors du premier sacre mondial des Français en 1998. Cet ancien libero, remarqué pour son élégance balle au pied, son sens du jeu et son art du placement n'a pas uniquement fait le bonheur des Bleus, il a aussi joué dans les plus grands clubs européens entre 1983 et 2003, portant les tuniques de Naples, Inter Milan, FC Barcelone et Manchester United. Comme Raphaël Varane aujourd'hui, il savait défendre debout et user du tacle avec parcimonie.

Alors que s'annoncent les récompenses et trophées de fin d'année, Laurent Blanc s'affiche comme un soutien inconditionnel du Merengue : « Il est plus fort que moi. Et beaucoup plus en avance », déclare-t-il à l'automne au magazine *France Football*. « Il a gagné quatre Ligues des champions avec le Real, il compte déjà plus de 50 sélections. C'est quasiment du jamais-vu pour un Français, en plus défenseur. C'est un honneur pour moi d'être comparé à lui. »

L'ancien défenseur, qui a aussi tenu les rênes de l'équipe de France entre 2010 et 2012, a clairement un faible pour Rafa et un profond respect pour ce qu'il a déjà accompli. Il en fait publiquement son favori pour le Ballon d'or, qui récompense depuis 1956 le meilleur footballeur de l'année. Et même si seulement trois défenseurs ont été sacrés jusque-là (Franz Beckenbauer en 1972 et 1976, Matthias Sammer en 1996 et Fabio Cannavaro en 2006), pour Laurent Blanc : « Il faut voter Rafa ! » C'est l'avis aussi d'un autre ancien « président », Michel Platini, qui a dirigé l'UEFA pendant huit ans entre 2007 et 2015. « Platoche » est l'une des légendes du football français. Ses exploits sous le maillot de la Juventus Turin et son sacre lors de l'Euro 1984 avec l'équipe de France lui ont permis de devenir le premier joueur, bien avant Lionel Messi, à remporter le Ballon d'or trois fois d'affilée entre 1983 et 1985 : « Les résultats, c'est la seule chose objective, le reste c'est subjectif », tranche Platini sur les ondes de RMC. « Le seul qui a tout gagné, les deux compétitions importantes, c'est Raphaël Varane. »

Rafa est en effet l'unique joueur à avoir fait le doublé Ligue des champions-Coupe du monde en 2018. Une performance rare, réalisée dans le passé par seulement trois autres footballeurs, tous des anciens du Real Madrid : il y a eu le Français Christian Karembeu, qui a ouvert la voie en 1998, puis le Brésilien Roberto Carlos quatre ans plus tard, et enfin l'Allemand Sami Khedira en 2014. Mais aucun de ces trois joueurs n'a ensuite été invité à soulever le Ballon d'or. Et l'histoire semble bien partie pour se répéter…

Première surprise à l'issue de la finale de la Coupe du monde : ce n'est pas un vainqueur français, mais Luka

Modrić qui vient sous la pluie battante chercher le trophée de Meilleur joueur du tournoi. Le stratège croate devance le Belge Eden Hazard et Antoine Griezmann. Raphaël Varane apparaît seulement dans l'équipe de rêve des fans désignée par les internautes. Seul champion du monde avec Kylian Mbappé à figurer dans ce onze type, le Madrilène est placé dans une défense au fort accent sud-américain aux côtés des Brésiliens Marcelo et Thiago Silva et de l'Uruguayen Diego Godín.

Et la tendance se confirme au sortir de l'été... Modrić remporte deux nouveaux prix individuels : le 30 août au forum Grimaldi de Monaco, lors de l'élection du Joueur UEFA, il devance son ancien partenaire du Real Madrid, Cristiano Ronaldo, et la sensation égyptienne de Liverpool, Mohamed Salah, et le 24 septembre lors de la cérémonie « The Best » à Londres, l'ancien de Tottenham est sacré cette fois Joueur FIFA 2018. Rafa se contente de la 9e place avec 3,45 % des votes.

Autant dire que les proches de Varane ne se font guère d'illusions sur le verdict qui sera rendu début décembre à Paris lors de la cérémonie du Ballon d'or. Rafa préfère rester concentré sur le jeu, d'autant que le début de saison est plus que compliqué pour le Real Madrid. Les départs de l'entraîneur Zinédine Zidane et de la star Cristiano Ronaldo pour la Juventus ont laissé un grand vide dans le vestiaire. Il œuvre aussi en coulisse sur un projet qui lui tient particulièrement à cœur : lors des vacances de la Toussaint, Rafa parraine pour la première fois des stages de football en Martinique. Sa garde rapprochée est au rendez-vous : son grand-frère Anthony, son meilleur ami Mathieu Duconseil et son ancien directeur sportif à Lens, Daniel Leclercq, assurent les entraînements pendant deux semaines auprès d'une soixantaine d'enfants âgés de 7 à 16 ans. « Rafa a toujours souhaité s'investir dans le sport martiniquais et le titre de champion du monde a évidemment renforcé son aura dans la région », témoigne Mathieu Duconseil, parti durant l'été 2018 s'installer aux Caraïbes. « Ce premier stage va nous permettre de prendre la température. On fait beaucoup de foot évidemment, mais, à l'image de Rafa, on essaye aussi de voir un peu plus loin et d'avoir un rôle éducatif auprès des enfants avec des interventions sur l'environnement et l'hygiène de vie. »

La course au Ballon d'or revient pourtant très vite sur le tapis. Courant octobre, le magazine *France Football* dévoile la liste des 30 finalistes de l'édition 2018. On retrouve sans surprise sept Français – Benzema, Griezmann, Kanté, Lloris, Mbappé, Pogba et Varane –, mais aussi les deux stars planétaires Messi et Ronaldo, et l'incontournable Luka Modrić. En attendant le verdict, chacun va pouvoir y aller de son pronostic. Aux soutiens de la première heure, Laurent Blanc et Michel Platini, s'ajoutent quelques voix inattendues comme le président de la Fédération française de football, Noël Le Graët, qui regrette « que le nom de Raphaël Varane ne soit pas assez cité ». Plusieurs footballeurs étrangers prennent également parti pour le numéro 5 du Real : évidemment pas mal de défenseurs, comme le Croate Dejan Lovren – « Définitivement, Varane est meilleur, sur cette saison comme sur les autres » –, le Belge Thomas Meunier – « Varane, Ballon d'or » –, ou le Néerlandais

Virgil van Dijk – « Raphaël Varane, c'est mon préféré. C'est un excellent défenseur et il a déjà beaucoup gagné ». On trouve aussi des attaquants de renom, tel l'Uruguayen du Paris Saint-Germain, Edinson Cavani, qui affirme sans retenue : « OK, Modrić est finaliste et a fait une grande saison, mais Varane le mérite plus. »

L'intéressé n'a pas souhaité mener campagne pour ce type de récompense individuelle, et ce n'est pas forcément dans sa nature de se mettre en avant. Alors que certains de ses coéquipiers de l'équipe de France sont passés maîtres dans l'art de la communication sur les réseaux sociaux, Raphaël Varane assure timidement sa promotion. Il fait tout de même un passage télé dans l'émission phare du « Canal Football Club » en octobre sur Canal+, mais son discours est loin d'être offensif lorsqu'on lui demande de se prononcer sur ses chances de gagner le Ballon d'or : « En termes de palmarès, c'est difficile de faire mieux », concède-t-il au présentateur vedette de l'émission, Hervé Mathoux. « Après, je suis déjà très content d'être cité [...]. C'est sûr que c'est un trophée qui fait rêver tout le monde, mais ce n'est pas nous qui décidons. Il faut faire de son mieux sur le terrain et après on verra... »

Le 6 novembre, lors d'un entretien à *France Football*, il tente de faire passer son message entre les lignes : « J'ai fait le maximum au cours d'une saison extraordinaire, magnifique. C'est une année en or. La vérité, c'est le terrain... Je me mets à la place de ceux qui doivent voter... Pas facile, hein. »

La vérité du terrain et des titres ne sera pas celle retenue par les 176 journalistes spécialisés du monde entier appelés à se prononcer. Le 4 décembre 2018, à Paris, Luka Modrić succède sans surprise à Cristiano Ronaldo au palmarès du 63e Ballon d'or. Le milieu croate, vainqueur de la Ligue des champions et finaliste de la Coupe du monde, connaît la consécration à 33 ans. Il devance de près de 300 points son dauphin Ronaldo, alors qu'Antoine Griezmann vient compléter ce podium inédit. Rafa ne figure même pas dans le Top 5. Il est septième avec 121 points récoltés et se retrouve relégué derrière Kylian Mbappé, Lionel Messi et Mohamed Salah. Le Madrilène n'a même pas fait le déplacement pour assister à la cérémonie organisée en grande pompe au Grand Palais. La fête du football mondial s'est faite sans lui. Rafa a tout juste eu écho de l'hommage que lui a rendu Luka Modrić, Ballon d'or à la main : « J'aurais voté pour Varane. Il était mon favori. Septième, ce n'est pas si mal, mais il aurait dû être mieux classé. »

Raphaël Varane n'est pas à sa place et les fans ironisent sur les réseaux sociaux : « Pour que Varane remporte le Ballon d'or, il lui a peut-être manqué une victoire dans le Tour de France et aussi un succès à Roland-Garros ! »

Entretien exclusif
Varane par Varane

Quels souvenirs gardez-vous de vos premiers pas avec un ballon ?

Les premiers ballons dans le jardin d'Hellemmes avec mon frère, resteront le point de départ de ma passion. On adorait jouer ensemble, il était très doué d'ailleurs, plus offensif que moi ! Et puis cette envie de jouer ne m'a plus quitté, dans la cour de récré à l'école et ensuite aussi au stade, quand j'ai commencé en catégorie débutant. J'ai aussi essayé très tôt le ballon ovale du rugby, mais rapidement le ballon rond est devenu mon meilleur ami !

Quelle a été l'influence de vos parents et de votre frère ?

J'ai joué avec mon père dans le jardin, comme tous les enfants qui ont cette chance de pouvoir jouer chez eux. On travaillait la technique, les passes, les fondamentaux. Ça plaisait à mon père de voir qu'on aimait le foot et c'était des bons moments de partage qui m'ont fait progresser plus vite. Ensuite, plus j'ai avancé en âge, plus ce sont les éducateurs qui ont pris le relais dans la formation. Mais on débriefait les matchs avec mon père, ce qui allait, ce qui n'allait pas, ça m'a permis d'être sans cesse plus exigeant avec moi-même. Et puis bien sûr, ça leur a coûté de me conduire chaque jour de Lille à Lens pendant des mois, c'est fatigant. Mais ils l'ont fait pour moi et je leur en suis très reconnaissant. Et puis surtout, ce sont les valeurs qu'ils m'ont inculquées. C'est grâce à eux que j'ai compris que rien ne se produirait sans un travail acharné. Ce goût du travail et cette détermination, ce sont eux qui me l'ont transmis.

Quel est votre lien avec la région du Nord et l'île de la Martinique ?

Le Nord, c'est particulier, c'est là où je suis né, là ou ma mère et née et là où j'ai grandi. Forcément, le Nord tient une place à part dans mon cœur car c'est là où sont mes racines, là où tout a commencé. Je suis né à Lille, je m'entraînais à Lens et ma mère me conduisait tous les jours entre les deux villes, on en a fait des kilomètres dans la région. La Martinique, c'est là ou est né mon père avant de rejoindre la métropole pour trouver du travail, c'est l'autre branche de mes racines. Mais j'y ai passé moins de temps, alors j'associe La Martinique aux vacances familiales, et au-delà des souvenirs personnels, je puise dans l'île beaucoup de force. La culture martiniquaise m'influence au quotidien. Je suis un peu un mix de tout ça, un peu ch'ti, un peu créole, madridiste et fier d'être bleu !

Quelle est votre définition du beau geste défensif ?

Je ne retiens pas vraiment un geste en particulier, il faut savoir tous les exécuter. Non, ce que j'aime, c'est surtout la conséquence d'une prestation réussie dans son ensemble. Je m'explique : ce que j'aime, c'est sentir l'attaquant désarmé, désemparé. Nous, les défenseurs, on sent ce genre de chose, quand on prend l'ascendant sur nos adversaires directs. C'est comme si on avait toujours un temps d'avance, dans la lecture du jeu, dans l'intervention aussi. Et si par chance on parvient à dominer comme ça dès le début ou à gagner une série de duels, il arrive que l'attaquant en face se décourage. S'il ne trouve plus les bonnes solutions et qu'il baisse les bras, c'est gagné. En tant que défenseur on veille à ce que notre équipe ne prenne pas de buts, c'est un de nos objectifs prioritaires avec celui d'assurer des transmissions propres à la relance. Mais quand on sent en plus que l'avant-centre en face se trouve pris au piège, constamment sous pression et qu'il n'est jamais dangereux, on a vraiment réussi notre match.

Quel est votre plus beau but ?

Celui contre Barcelone de la tête au Camp Nou. C'était en demi-finale de Coupe du Roi (1-1 à l'aller). Nous avons gagné 3-1 chez eux grâce à un doublé de Cristiano Ronaldo et à mon but. C'est Mesut Ozil qui tire un corner enroulé du gauche entre les 6 mètres et le point de penalty. Je suis à la lutte avec Piqué mais je saute plus haut que lui. Et là je mets la tête comme il faut. En plus, le ballon touche le bas de la transversale au niveau de la lucarne. Mettre le but du 3-0 au camp Nou, de cette manière, ça ne s'oublie pas. Je m'en souviens d'autant plus que j'avais déjà marqué à l'aller.

Comment avez-vous appréhendé la célébrité ?

Au début, je n'y pensais sincèrement pas, ce n'était pas une question pour moi, je jouais, je progressais, ce qui comptait c'était le terrain, l'équipe, le jeu, le foot, nos résultats et ma progression. Ensuite, comme je suis rapidement passé de Lens au Real Madrid, j'ai quand même rapidement été confronté aux effets de la notoriété. Et comme je m'étais préparé à tout sauf à ça, je dois bien admettre que ça m'a déstabilisé. J'ai senti à quel point je ne m'appartenais plus de la même manière, que je ne pouvais pas aller au cinéma comme Monsieur Tout-le-Monde à la séance de 20 heures, par exemple. Mais j'ai ensuite eu le temps de réfléchir et de m'adapter à cette nouvelle situation. J'ai aussi apprécié la chaleur que les supporters nous transmettent, comment ils nous portent, et je suis extrêmement fier de leur procurer quand c'est le cas d'immenses émotions. En un mot, maintenant j'ai vraiment appris à vivre avec la célébrité et je me sens bien.

Vos forces et vos faiblesses ?

C'est toujours une question difficile, car on n'est pas toujours le mieux placé pour parler de soi-même. Ma principale qualité, je pense, est de ne jamais rien lâcher. Quand j'ai un objectif en tête, je n'en démords pas et je me mobilise à 100 %. Même s'il y a des imprévus, que ça tangue ou que ça a l'air impossible, je fais preuve d'abnégation et je maintiens la pression. Pour le reste, je sais que je suis un peu susceptible.

Votre journée type ?

Je crois que je ne vais pas vous révéler un scoop ! Je me lève, je petit-déjeune en famille. Ensuite tout le monde se prépare et je conduis mon fils Ruben à la crèche. Après, je me rends à la Ciudad, le centre d'entraînement du Real Madrid. Une fois la séance terminée, je rentre manger tranquillement chez moi. Je me repose et je profite de mon temps libre. Avant de dîner en famille et de me tenir prêt pour le lendemain.

Votre plat préféré avant un match ? Et après un match ?

Avant un match, il s'agit d'une collation, rien de bien original : des fruits frais mais aussi des fruits secs. Ma touche perso, ce sont des tartines de pain complet avec du miel.

Après un match, ce n'est pas non plus la fiesta, car je dois faire attention à ce que je mange. Mais une salade de riz avec avocat, tomate et maïs, cela convient très bien.

Quel est a été le plus grand moment de votre carrière ? Et à l'inverse, le plus difficile ?

Je ne vais pas être original, mais gagner la Coupe du monde, c'était forcément le plus grand moment de ma carrière, tous les enfants du monde entier qui jouent au foot rêvent de remporter une Coupe du monde. J'ai eu cette chance et je sais ce que cela représente. Alors forcément, avoir manqué l'Euro 2016 disputé en France est mon pire souvenir, je voulais tellement faire partie du groupe.

Quels conseils donneriez-vous à un enfant qui rêve de devenir footballeur professionnel ?

Avant tout, je pense que même lorsque l'on veut vraiment devenir professionnel, il ne faut jamais mettre de côté la notion de plaisir. Il faut aimer jouer, attaquer, défendre, jouer en équipe, retrouver ses potes. Le foot, c'est un ensemble de choses qui nous font l'aimer, mais le moteur reste le plaisir de défendre sa cage, son but, son gardien ou, contre nos adversaires, de marquer ! Puis il faut être perfectionniste, ne négliger aucun détail dans la préparation, être concentré aux entraînements, écouter les éducateurs, toujours demander des conseils aux plus grands pour continuer à s'améliorer, toujours et encore. Il ne faut pas hésiter à se nourrir des exemples du passé récent ou plus ancien. On peut voir tous les matchs sur Internet. Pour un défenseur, regarder jouer les anciens est une source d'inspiration.

Remerciements

Merci à Raphaël Varane et Anthony Varane pour leur participation.

Remerciements pour leurs témoignages et leur collaboration à Hervé Arsène, Éric Assadourian, René Berteloux, Gérard Bonneau, Victorien Boulon, Stéphane Carpentier, Christophe Debuyser, Damien Decrand, Valérie Defert, Alain Delory, Thierry Delvallet, Didier Dubois, Mathieu Duconseil, Margot Dumont, Joachim Eickmayer, Elisa Fereira, Giovanni Grezzi, Romain Jany, Benoît Hubaut, Daniel Leclercq, Cédric Lemaire, Pascal Le Provost, Olivier Lombard, Elisa Lukawski, Pierre Michaud, David Pavageau, David Pelletier, Fabien Pigalle, Didier Roudet, Julien Sokol, Nicolas Soussan, Georges Tournay, Jean-Carl Tonin, Micheline Vallon, Paul Vallon, Javier Villagarcia, Sébastien Vuagnat, Marc Westerloppe, Jean Issartel.

Merci à Benoît Bontout, Cédric Le Brun, Laure Merle d'Aubigné et Roberto Domínguez.

Merci à Elvira, Céline, Lorenzo, Mathieu, Olmo, Elisa et Micheline pour leur soutien et leurs précieux conseils.

Bonne lecture à Arthur, Jules, Colin, Louis, Tom, Méline et Laure.

Bienvenue à Lou, Mai et Hugo.

Dans la même collection

KYLIAN MBAPPÉ

LE PETIT PRINCE

Luca Caioli
Cyril Collot

L'HISTOIRE D'UN INCROYABLE PARCOURS

« À 10 ans, on aurait payé pour le voir jouer. Les recruteurs se pressaient autour des terrains. » Dès ses débuts à l'AS Bondy, Kylian Mbappé a fait l'unanimité autour de son talent. Son avenir était tout tracé dans les plus grands clubs européens. De nombreux témoignages dévoilent les secrets de sa formation à l'INF Clairefontaine, puis à l'AS Monaco.

Mbappé, Le Petit Prince raconte son éclosion en Ligue des champions jusqu'à son transfert colossal au PSG à l'été 2017. Il offre un éclairage complet sur le parcours du phénomène devenu star à Paris aux côtés de Neymar et Cavani, puis sur ses débuts et son triomphe avec les Bleus en Coupe du monde 2018 couronné d'un titre de Meilleur jeune et de quatre buts dont un en finale.

Dans la même collection

Dans la même collection

ANTOINE GRIEZMANN

LES 7 VIES DE GRIZI

Luca Caioli
Cyril Collot

L'HISTOIRE D'UN INCROYABLE PARCOURS

Passé au travers des mailles du filet de la formation française, Antoine Griezmann n'a jamais porté le maillot d'un club hexagonal. Jugé trop frêle, il a dû s'exiler en Espagne, à la Real Sociedad, pour accomplir son rêve de gamin et devenir footballeur professionnel.

Désormais star incontestée de l'Atlético de Madrid et fer de lance de l'équipe de France, le meilleur joueur de l'Euro 2016 incarne la nouvelle génération bleue. À 27 ans, il vient de remporter la Coupe du monde 2018 et la Ligue Europa la même année. Et même si sa carrière est loin d'être terminée, son histoire et ses 7 vies méritent d'être contées.

Dans la même collection

Dans la même collection

PAUL POGBA

À TOUTE VITESSE

Luca Caioli
Cyril Collot

L'HISTOIRE D'UN INCROYABLE PARCOURS

Paul Pogba ne fait rien comme les autres. Sur un terrain, ses gestes de grande classe soulèvent les foules : dribbles venus de nulle part, transversales chirurgicales ou frappes tonitruantes, son répertoire est complet. Mais « Pogboom » se distingue aussi en coulisses. Depuis toujours ses transferts ont fait réagir : du Havre à Manchester United, puis de MU à la Juventus Turin sans parler de son retour dans le nord de l'Angleterre pour un montant historique en 2016.

Il a réussi une fantastique Coupe du monde 2018, prenant une grande part dans le succès des Bleus. Sur le terrain où il a éclairé le jeu et marqué en finale et dans le vestiaire où il s'est imposé comme un leader. À 25 ans seulement, « la Pioche » n'a pas fini de nous étonner.

Dans la même collection

Dans la même collection

MOHAMED SALAH

LE DERNIER PHARAON

Luca Caioli
Cyril Collot

L'HISTOIRE D'UN INCROYABLE PARCOURS

Mohamed Salah est devenu une superstar du football : à Liverpool, où il s'est définitivement révélé lors de la saison 2017-2018 en enchaînant les buts jusqu'à mener son équipe en finale de Ligue des Champions face au Real Madrid ; mais aussi en Égypte, où il a permis à sa sélection de participer à sa première Coupe du monde depuis près de trente ans.

Aujourd'hui, son influence dépasse le strict cadre du football. *Salah, le dernier pharaon* raconte comment le gamin de Nagrig s'est construit du Calcio à la Premier League, au point de devenir une source d'inspiration et d'espoir. Une ascension qui n'est pas près de s'arrêter.

Dans la même collection

Pour l'éditeur, le principe est d'utiliser des papiers composés de fibres naturelles, renouvelables, recyclables et fabriquées à partir de bois issus de forêts qui adoptent un système d'aménagement durable.

En outre, l'éditeur attend de ses fournisseurs de papier qu'ils s'inscrivent dans une démarche de certification environnementale reconnue.

PAPIER À BASE DE
FIBRES CERTIFIÉES

MARABOUT
s'engage pour l'environnement
en réduisant l'empreinte carbone
de ses livres.
Celle de cet exemplaire est de :
400 g éq. CO_2
Rendez-vous sur
www.marabout-durable.fr

Traduction des textes en italien par Laurent Laget
Préparation des textes : David Lerozier
Relecture : Taïna Grastilleur
Photocomposition : Nord Compo

Imprimé en Italie par Grafica Veneta en février 2019
pour le compte des éditions Hachette Livre (Marabout)
58, rue Jean-Bleuzen – 92178 Vanves Cedex
Dépôt légal : février 2019
ISBN : 978-2-501-13747-8
5.8073.43/01